Inge Holler-Zittlau

Winfried Dux

Roswitha Berger

Marburger Sprach-Screening

für 4- bis 6-jährige Kinder (MSS)

Ein Sprachprüfverfahren für Kindergarten und Schule

Persen Verlag GmbH

Inge Holler-Zittlau, Institut für Heil- und Sonderpädagogik – Sprachheilpädagogik, Philipps-Universität Marburg

Winfried Dux, Sprachheilpädagoge, Hünfeld

Prof. Dr. med. Roswitha Berger, Landesärztin für Hör- und Sprachbehinderte in Hessen, Philipps-Universität Marburg

Ein Projekt der Deutschen Gesellschaft für Sprachheilpädagogik, Landesverband Hessen e. V.

dgs

Unterstützt durch das Hessische Sozialministerium

Dank

Unter Leitung von Prof. Dr. med. Roswitha Berger, Landesärztin für Hör- und Sprachbehinderte in Hessen, Philipps-Universität Marburg, dem Institut für Heil- und Sonderpädagogik – Sprachheilpädago- gik, Philipps-Universität Marburg, in Zusammenarbeit mit der Deutschen Gesellschaft für Sprachheil- pädagogik, Landesgruppe Hessen e. V. und dem Hessischen Sozialministerium wurde in einer Arbeits- gruppe mit Sprachheilbeauftragten Hessens das Konzept für das Marburger Sprach-Screening (MSS) entwickelt. Unser Dank gilt den Mitgliedern dieser Arbeitsgruppe: den Logopädinnen Frau Erentrud Ebner, Frau Jasmin Aleemi und dem Sprachheilpädagogen Joachim Eisenträger.

4. überarbeitete Auflage. 2007
© by Persen Verlag GmbH, Buxtehude
Illustration Poster: Charlotte Wagner, Dortmund, nach einer Vorlage von Ingrid Heß, Hünfeld
Gesamtherstellung: Ludwig Auer GmbH, Donauwörth
ISBN 978-3-8344-**3637**-5
www.persen.de

Inhaltsverzeichnis

1. Ausgangssituation

1.1 Anlass der Entwicklung des Marburger Sprach-Screenings (MSS) zur Überprüfung der Sprachkenntnisse 4- bis 6-jähriger Kinder

Sprache ist das vorrangige Kommunikationsmittel in unserer Gesellschaft. Sich sprachlich ausdrücken und verständigen zu können, ist ein wesentlicher Faktor für erfolgreiches Handeln in der Familie, im Kindergarten und in der sozialen Welt. Sprachkompetenz ist eine entscheidende Bedingung für den Schulerfolg.

Erzieherinnen und Erzieher, Lehrerinnen und Lehrer sind verunsichert. Immer mehr Kinder zeigen schon im Kindergartenalter und bei Schuleintritt Kommunikations- und Sprachauffälligkeiten. Es stellen sich viele Fragen, die einer Klärung bedürfen:

➤ Erfolgt die Sprachentwicklung automatisch?
➤ Betreffen die sprachlichen Auffälligkeiten nur einzelne Kinder? Oder sind die Beobachtungen ein allgemeines Phänomen?
➤ Sind die Kinder in ihrer sprachlichen Entwicklung verzögert oder gar gestört?
➤ Wachsen sich die Sprachauffälligkeiten von alleine aus?
➤ Wie können die Sprachprobleme der Kinder beschrieben werden?
➤ Welche Ursachen haben die Sprachprobleme der Kinder?
➤ Wie können sie festgestellt und diagnostiziert werden?
➤ Brauchen die sprachauffälligen Kinder eine Unterstützung?
➤ Was kann und muss getan werden?
➤ Welche Fördermöglichkeiten gibt es?

Die Beobachtungen in den Kindergärten und Schulen und nicht zuletzt die Diskussion der Ergebnisse der PISA-Studie machen deutlich, dass eine frühe Diagnose und Förderung von Kindern mit Kommunikations- und Sprachproblemen notwendig ist. Eltern, Erzieher/Erzieherinnen, Lehrer/Lehrerinnen und weitere Fachkräfte wie Ärzte/Ärztinnen, Logopäden/Logopädinnen, Sprachheilpädagogen/Sprachheilpädagoginnen sollten in diesen Prozess miteinbezogen werden. In der Ausbildung von Erziehern/Erzieherinnen und Lehrern/Lehrerinnen hat das Thema Sprachentwicklung und Spracherwerb oftmals keine große Bedeutung. Es besteht ein großer Informationsbedarf.

1.2 Kommunikations- und Entwicklungsbedingungen heute

Mit dem Wandel von der Industrie- zur modernen Leistungsgesellschaft haben sich auch die Lebens-, Entwicklungs- und Kommunikationsbedingungen von Kindern und Jugendlichen verändert (Postman 1983; Rolff 1992; Heitmeyer 1994; Hurrelmann 1995; Baacke 1999 b; Schröter 2001; Tillmann 2001).

Immer weniger Kinder haben einen unmittelbaren Zugang zur Natur. In den Städten gibt es kaum noch Plätze und Freiräume, in denen sie gefahrlos und selbstständig ihre Umwelt erfahren und erobern können. Viele für die kindliche Entwicklung notwendige Primär-Erfahrungen sind nicht mehr möglich.

Die Anzahl der unterhaltenden Medienangebote steigt ständig. Schon 3- bis 5-jährige Kinder sehen täglich durchschnittlich 76 Minuten fern, hinzukommen diverse Videofilme außerhalb des Fernsehprogramms (Baacke 1999a). Ca. 75 % der 3- bis 6-jährigen Kinder besitzen einen eigenen Kassettenrekorder (Goorhuis-Brouwer u. a. 1999). Jedes zehnte Kind gehört zu den Vielhörern und Vielsehern, die täglich mehrere Stunden alleine vor dem Kassettenrekorder, Video- oder Fernsehgerät verbringen.

Durch die Medien wird den Kindern eine Welt vermittelt, die mit ihrer Lebenswirklichkeit wenig zu tun hat. In vielen Filmen und „Soaps" werden Vorstellungen vom Leben vermittelt und von Kindern übernommen, die zu einer unrealistischen Einschätzung der Wirklichkeit führen. Mit vielen Themen und Inhalten wie Gewalt, Drogen, Sexualität usw. sind Kinder sozial, emotional und kognitiv überfordert.

Technische Errungenschaften wie Fernsehen, Video, Computer und Internet haben selbstver-

ständlich Eingang in das Kinderzimmer gefunden und sind fester Bestandteil des kindlichen Lebens und der Erziehung geworden (Baacke 1999b).

Die Medien üben eine erhebliche Faszination aus und haben einen starken Einfluss auf die Entwicklung der Kinder. Schon den Kleinsten werden Fernseh-, Videofilme und PC-Spiele angeboten und sie werden davon in Bann gezogen. Häufig sind die Kinder beim Umgang mit den technischen Medien auf sich allein gestellt.

Die mit elektronischen Medien verbrachte Zeit verringert die Beschäftigungszeit, in der sich die Kinder eigenständig und kreativ mit Dingen ihrer Umwelt befassen und sich mit Kindern und Erwachsenen ihrer Umgebung auseinandersetzen können. Das Kinderzimmer ist mehr und mehr zum Raum der Verinselung und des sozialen Rückzugs geworden.

Der Tagesablauf der Kinder wird zum großen Teil von den Bedürfnissen und Notwendigkeiten der Erwachsenen bestimmt. Kinder sind oft bloße Betrachter oder fremdbestimmte Teilnehmer in einer Welt, die sie nicht verstehen und die an ihnen vorbeifliegt, ohne sie wirklich erfahren und mitgestalten zu können. Kinder werden von einem Termin zum anderen „verplant" und „verschoben", z. B. vom Kindergarten in die Musikschule gebracht, schnell noch zum Einkaufen mitgenommen, dann zum Abendbrot gedrängt und ins Bett geschickt. Familiäre Stresssituationen, hohe berufliche Anforderungen, Schichtarbeit oder Arbeitslosigkeit mit materiellen Einschränkungen und Zukunftsängsten, Streit unter den Eltern und Kindern, Ehescheidungen mit Wohnungswechsel usw. belasten auch die Kinder und führen nicht selten zu Verunsicherungen und zu Entwicklungsproblemen.

In den Familien wird immer weniger miteinander gesprochen. Die familiäre Kommunikation ist auf das Notwendigste reduziert. Ein Zettel auf dem Küchentisch oder Geld für den Kiosk ersetzen häufig das Gespräch. Kinder haben immer weniger Gelegenheit, über ihre Erfahrungen und Beobachtungen, Freuden und Ängste zu sprechen, sich mit anderen auszutauschen und mit ihnen gemeinsam nachzudenken und zu „philosophieren". Bei der Verarbeitung und Bewältigung vielfältiger Eindrücke und Ereignisse werden sie häufig allein gelassen.

1.2.1 Sprachverhalten von Kindern im Kindergarten und in den Eingangsklassen der Schulen

Sprachverhalten in Spielsituationen

Erzieher/Erzieherinnen in den Kindergärten und Lehrer/Lehrerinnen der Eingangsklassen der Schulen bemerken schon seit längerem eine deutliche Veränderung im Kommunikations- und Sprachverhalten der Kinder. Sie beobachten, dass immer mehr Kinder über wenig Handlungserfahrungen in Alltagssituationen verfügen, dass Kinder z. B. Mühe haben, sich beim Turnen selbstständig umzuziehen, sich in eine Gruppe einzufügen oder über Dinge, die sie beschäftigen und bewegen, zu sprechen. Ihr Sozial-, Lern- und Sprachverhalten ist häufig nicht altersentsprechend und situationsangemessen.

Das Spiel dieser Kinder ist eher zufällig, wenig reflektiert, scheinbar ungeregelt und ziellos. Von den Kindern selbst aufgegriffene oder initiierte Spielsituationen werden nach kurzer Zeit abgebrochen oder wieder aufgegeben. Die Kinder hantieren, ohne wirklich zu handeln, sie agieren, ohne auf jemanden oder etwas zu reagieren, ohne sich wirklich mit der Sache oder der Situation auseinanderzusetzen. Sie lassen sich auch weniger auf angebotene Themen und Materialien ein. Manche Kinder scheinen unbeteiligt und unkonzentriert. Sie zappeln herum, träumen und hören kaum zu.

Im Vergleich zu den Kindern ihrer Altersgruppe fällt auf, dass diese Kinder während des Spiels relativ wenig sprechen und ihre Spielhandlungen kaum kommentieren bzw. durch sprachliches Handeln organisieren oder weiterführen. Ihre Sprache ist telegrammstilartig. Kurze emotionale Ausrufe und Befehle wie: *„ah – jaaa – boaah – nee – los! – Du!"* oder Mitteilungen wie *„Mach du! – Gib das Auto – Pokemon spielen"* – kennzeichnen die sprachliche Situation (Holler-Zittlau 1999).

Berichte der Kinder über das, was sie erlebt oder gesehen haben, sind häufig bruchstückhaft oder bestehen aus Schlagworten. Die Kinder gestikulieren und spielen einzelne Szenen nach, die sie beim Fernsehen und Videoschauen besonders beeindruckt haben. Zum Erzählen fehlen ihnen vielfach die passenden Worte.

Untersuchungen zur Sprachentwicklung und zum Spracherwerb bestätigen diese Beobachtungen und belegen eine deutliche Zunahme von Sprachentwicklungsverzögerungen und -störungen bei Kindern im Vorschulalter (Berger 1992; Berger/ Friedrich 1994; Heinemann 1996; Kiese-Himmel

& Kruse 1994; Kiese-Himmel 1997, 1999; Weinrich/Zehner 2003 u. a.).

Danach verfügen bis zu einem Viertel der Kinder im Alter von 4 bis 6 Jahren im Vergleich zur Altersgruppe über einen geringen Wortschatz. Ihre Satzbildung entspricht eher einer Kleinkindsprache und es treten außerdem Probleme in der Artikulation und Aussprache auf. Selbst Kinder mit einem relativ reichen Erfahrungsschatz haben Probleme, Sachverhalte und Handlungsfolgen verbal darzustellen.

Kinder mit Migrationshintergrund

Kinder mit Migrationshintergrund haben besondere Mühe, die deutsche Sprache zu erlernen. In den Familien der Kinder wird zumeist die Muttersprache des Vaters oder der Mutter gesprochen. Die Zweitsprache Deutsch erwerben die Kinder zumeist im zufälligen Kontakt mit Personen, die die deutsche Sprache auch als Zweitsprache erworben haben, oder durch mehr oder weniger regelmäßige Kontakte zu deutschsprachigen Kindern, Jugendlichen und Erwachsenen ihrer sozialen Umgebung, ihres Wohnumfeldes, dem Kindergarten und der Schule. Der ungesteuerte Zweitspracherwerb ist von der Häufigkeit der Sprachkontakte und der Qualität des Sprachinputs der Kommunikationspartner abhängig (Kracht 2000; Rothweiler 2001; Kroffke & Rothweiler 2004). Die in den Peergroups erworbenen sprachlichen Kompetenzen reichen oft für die Alltagskommunikation und zur Bewältigung sozialer Bedürfnisse aus, für einen erfolgreichen Schulbesuch sind sie jedoch häufig unzureichend. Kornmann konstatiert 2003 eine zweifache Überrepräsentation von Kindern mit Migrationshintergrund in den Sonderschulen (Kornmann & Kornmann 2003).

1.2.2 Folgen für das schulische Lernen

In der Schule und im Unterricht werden die Folgen eines unzureichenden Spracherwerbs besonders deutlich:

Viele Kinder mit einem geringen Wortschatz und sprachlichen Entwicklungsverzögerungen zeigen z. B. wenig Sinnerwartung beim Lesenlernen. Wörter wie „Ente" werden z. B. lautrein E – N – T – E synthetisiert, sodass die akustisch

hörbare Entsprechung des erlesenen Wortes die Bedeutung des Begriffes „Ente" nicht wiedererkennen lässt. Selbst beim Erlesen einfacher Texte wird der Inhalt nicht erkannt. Bei dem Versuch, Sachverhalte und Handlungen nachzuerzählen und einfache Sätze und Texte frei zu formulieren oder zu schreiben, haben die Kinder Probleme, Sätze grammatikalisch richtig zu bilden.

Beziehungen und Relationen von Gegenständen und Personen, die in der Sprache u. a. durch Präpositionen und Konjunktionen ausgedrückt werden, und zeitliche Handlungsfolgen, z. B. ob ein Apfel **auf** dem Teller oder **neben** dem Teller liegt oder ob der Ball auf den Boden gefallen ist, **weil** das Mädchen ihn angestoßen hat, werden ungenau durch Allerweltswörter und Floskeln ausgedrückt.

Eine undeutliche, verwaschene und fehlerhafte Aussprache führt zudem zu Problemen in der phonematischen Differenzierung beim Schriftspracherwerb und in der Rechtschreibung.

Ca. 15–20 % der Schulanfänger sind in ihrer Sprachentwicklung verzögert und zeigen Störungen in der Artikulation, in der Wortschatzentwicklung und im Grammatikerwerb oder sie verfügen nicht über altersentsprechende Deutschkenntnisse (Berger 1992, Tollkühn 2001 u. a.).

Nach Krumpholz-Reichel (1999) haben ca. ein Viertel aller Schülerinnen und Schüler im ersten und zweiten Schuljahr Probleme beim Lesen- und Schreibenlernen, davon etwa ein Drittel mehr Jungen (61 %) als Mädchen (39 %).

Über die Hälfte der Schülerinnen und Schüler in Sprachheil- und Lernhilfeschulen zeigen Störungen auf allen sprachlichen Ebenen, im Lernen und im Schriftspracherwerb (Giesecke/Harbrucker 1991; Glück 1998).

Untersuchungen zum mündlichen Sprachgebrauch und zum Schriftspracherwerb, zum sprachlichen Regelwissen und zur phonologischen Bewusstheit von Schulanfängern belegen einen signifikanten Zusammenhang zwischen dem Umfang und der Qualität sprachlicher Kompetenzen und dem Ausmaß der Probleme und Störungen beim Lesen- und Schreibenlernen (Osburg 1997; Dehn & Osburg 1997; Osburg 2002; Dannenbauer 1997; Glück 1999, 2000; Hacker 1997; Wilgermein 1991; Klicpera et al. 1993 u. a.).

Holler-Zittlau/Dux/Berger: Marburger Sprach-Screening für 4- bis 6-jährige Kinder (MSS) © Persen Verlag GmbH, Buxtehude

2. Der kindliche Spracherwerb

2.1 Verlauf der Sprachentwicklung

Die Sprachentwicklung und der kindliche Spracherwerb ist ein fortschreitender Prozess, der sich parallel zu anderen Entwicklungsbereichen wie denen der Wahrnehmung, Motorik und Kognition entwickelt und schon vor der Geburt beginnt (Bruner 1987; Dornes 1993; Zollinger 1995).

Die Fähigkeit, Sprache zu erwerben und zu gebrauchen, ist im Menschen angelegt. Der Erwerb der Sprache selbst ist ein Lernprozess, der sowohl von den individuellen Voraussetzungen als auch von der Umwelt des Kindes abhängig ist, d. h. sich nur in einer sozialen Umgebung mit sprachlicher Anregung und Auseinandersetzung vollziehen kann. Sprechen lernen ist nicht die Leistung eines Kindes allein, denn die Eltern und andere Bezugspersonen haben einen ebenso wichtigen Anteil daran wie das Kind selbst: Sprechen lernt das Kind über das Hören, Verstehen und Nachahmen von Sprachvorbildern. Die Sprache entwickelt sich kontinuierlich und in einer bestimmten Abfolge. Das Kind muss bestimmte Entwicklungsprozesse durchlaufen, um Sprache erwerben und anwenden zu können. Fehlen die sprachlichen Anregungen und sozialen Kontakte z. B. zwischen Eltern und Kind, so kann es zu Störungen in der Sprachentwicklung und im Spracherwerb kommen.

Von Geburt an erkundet das Kind aktiv seine Umwelt. Es greift mit den Händen nach Dingen, die es umgeben, befühlt, ertastet, hört, schaut, schmeckt, riecht usw. Das Kind nimmt seine Umgebung mit allen Sinnen wahr.

Schon nach wenigen Wochen kann das Kind die Stimme seiner Mutter von der Stimme anderer Personen seiner Umgebung unterscheiden. Es erkennt an der Stimmlage und Tonhöhe, ob die Mutter mit ihm oder einer anderen Person spricht. Wenn die Mutter mit dem Kind spricht, hebt sie die Stimme etwas an. Sie spricht langsamer und benutzt immer wieder die gleichen Wörter. Das Kind erkennt an der Stimme, welche Person im Raum ist. Es erfährt, dass diese Person einen bestimmten Namen hat.

In der direkten sprachlichen Interaktion erkennt das Kind nach und nach einzelne häufig vorkommende Sprachlaute, Lautverbindungen und Wörter. Es imitiert diese und setzt sie wiederum kommunikativ und zielgerichtet ein. Das Kind beginnt schon, mit der Produktion einzelner Laute sprachlich zu handeln.

Die Eltern reagieren auf die lautlichen Äußerungen des Kindes, indem sie dem Wunsch des Kindes entsprechen und dies auch sprachlich ausdrücken, z. B. durch eine Bemerkung wie: „Ich hole dir die Milch." oder „Hier ist die Milch". Bei Ablehnung oder Unverständnis wiederholen sie die Äußerung des Kindes. Sie fragen nach und erweitern, modifizieren oder korrigieren die kindliche Äußerung (Papoušek 1991, 1994; Bruner 1987). Das Kind hat mit seiner „Sprache" etwas bewirkt. Es erprobt und entwickelt schon früh seine kommunikativen Kompetenzen.

Wenn ein Kind etwa ab dem 7. Lebensmonat nach einem ihm bekannten Gegenstand sucht, zeigt es damit, dass es eine Vorstellung und ein inneres Bild von diesem Gegenstand erworben hat. Das Suchen ist intentional und zielgerichtet. Das Erkennen der Objektpermanenz und die damit einhergehende Symbolbildung sind eine entscheidende Etappe in der kindlichen Sprachentwicklung und eine wesentliche Voraussetzung für die Erfassung von Bedeutungen und für die Begriffsbildung.

Durch den spielerisch handelnden Umgang mit Gegenständen und Personen gelangt das Kind zu immer differenzierteren Wahrnehmungen, die es in seine zuvor erlangten Erkenntnisse integriert und kognitiv strukturiert. Piaget (1972) beschreibt diese Vorgänge als Prozesse der Assimilation und Akkommodation.

Im Alltag benennen und kommentieren die Eltern und andere Bezugspersonen konkrete Gegenstände, Tätigkeiten und Handlungen des Kindes. Sie benennen die Dinge, die sie oder das Kind in die Hand nehmen und/oder gemeinsam anschauen (triangulärer Blick). Das Kind versucht das Gehörte zu imitieren und zu Wörtern wie *Mama, Papa, Oma, Ball* etc. zusammenzufügen (Zollinger 1995).

Beispiel: Die Mutter und das Kind schauen gleichzeitig auf einen Gegenstand. Die Mutter bezeichnet diesen Gegenstand mit einem bestimmten Wort, z. B. „Ball". Das Kind hört, wie dieser Gegenstand bezeichnet wird. Es schaut die Mutter, den Gegenstand und dann wieder die Mutter an, die durch den Blickkontakt mit dem Kind und durch ein kurzes Lächeln oder Nicken das Kind in seiner Wahrnehmung bestätigt und das Wort „Ball" noch einmal wiederholt. Das Kind kann nun das Wort „Ball" dem Gegenstand „Ball" zuordnen und in seinen Sprachschatz integrieren. Die Suche nach Blickkontakt, der dialogische Einsatz von Zeigegesten, Lauten und ersten Worten sind deutliche Hinweise für eine erfolgreiche Kommunikations- und Sprachentwicklung.

Beim Aufwachen, Wickeln, Anziehen, Essen und Spielen hört das Kind immer wieder die Sprache seiner Umgebung und verbindet diese mit bestimmten Personen, Gegenständen und Tätigkeiten, die es selbst oder sein Gegenüber ausführt. Es erfährt, dass bestimmte Gegenstände wie Bett, Tasse, Jacke etc. immer wieder gleich bezeichnet werden.

Eltern kommentieren und interpretieren in kurzen Sätzen ihre eigenen Tätigkeiten und die Handlungen des Kindes. Damit wird das Kind in seinen konkreten Aktivitäten unterstützt und verstärkt; es erhält gleichzeitig ein sprachliches Angebot und Vorbild, wie Dinge und Handlungen benannt und beschrieben werden können. Nach und nach übernimmt das Kind Laute, Wörter, Wortkombinationen und Satzphrasen. Es entwickelt sprachliches Regelwissen, das es in seiner Sprache erprobt.

In gemeinsamen Spiel- und Handlungssituationen oder bei der Betrachtung von Abbildungen und Bilderbüchern erfährt das Kind auch, wie andere Personen diese Gegenstände und Situationen wahrnehmen. Durch den sprachlichen Austausch werden Beobachtungen und Erkenntnisse der beteiligten Personen miteinander verglichen und bewertet. Das Kind erfährt dabei, dass seine Worte ähnliche Bedeutungen haben wie die des anderen. Es erkennt aber auch, dass der andere mit seinen Wörtern etwas Anderes, Ergänzendes oder Neues zum Ausdruck bringt.

Immer mehr Gegenstände, Personen und Handlungssituationen werden von dem Kind wahrgenommen und erkannt. Durch Wiederholung und Vergleich lernt es, Unterschiede und Gemeinsamkeiten verschiedener Gegenstände und Handlungssituationen zu erkennen und sprachlich auszudrücken und zu differenzieren.

Die Sprache der Eltern liefert und erweitert das Wortmaterial (Lexik), die Grammatik und Struktur (Syntax) zur Beschreibung von Gegenständen und Handlungen. Sie unterstützt die kindliche Tätigkeit und bewirkt damit gleichzeitig eine Orientierung und Strukturierung der Wahrnehmungen und Aufmerksamkeit des Kindes.

2.2 Ebenen der Sprachentwicklung

Artikulationsentwicklung (nach Möhring 1938; Hacker 1999; Weinrich/Zehner 2003)

- bis ca. 7. Woche reflektorisches Schreien und Lallen
- 6. Woche bis 9. Monat Affektäußerungen und gezielte Lautnachahmung, z. B. „a", „o", „m", „l" und Lautverbindungen und -verdoppelungen wie „mamama", „dadada"
- ab 9. Monat Nachahmen einzelner Silben
- ab 12. Monat Artikulation lautreiner Wörter wie „Mama", „da", „Papa", „Wauwau"
- ab 24 Monaten Vokal- und Konsonantenverbindungen wie „ba", „bi", „bo"
- ab 3 Jahren Konsonantenverbindungen wie „bla", „bli", „blu"
- ab 4 Jahren Konsonantenverbindungen mit „kr", „str" und „chr"
- mit ca. 5 Jahren Abschluss der Artikulationsentwicklung

Wortschatzentwicklung (nach Szagun 1983, 1996; Kauschke 2000)

- mit 12 Monaten hat das Kind bereits 30–50 Wörter erworben
- mit 24 Monaten verfügt es über einen aktiven Wortschatz von 300 Wörtern. Dinge können in ihren Eigenschaften erkannt und benannt werden, z. B. groß, klein, schön, bunt. Zeit und Ortsbestimmungen werden genannt, z. B. bald, jetzt, dann, da, hier u. a.
- mit 3 Jahren verfügt das Kind bereits über 1000 Wörter
- mit 4 Jahren über 1500 Wörter
- mit Schulbeginn ca. 2500–4000 Wörter

Satzbau- und Grammatikentwicklung (nach Clahsen 1982, 1988)

- Bereits in der vorsprachlichen Interaktion des Kindes werden durch das gemeinsame Spielen und den Rollentausch beim Geben und Nehmen oder beim „Bitte-Danke-Spiel" erste „vorsprachliche Prototypen der Kasusgrammatik" (Bruner 1977) definiert: Wer ist der Handelnde, was ist die Handlung, wer oder was ist Objekt der Handlung und wie können diese vertauscht und ersetzt werden?

Holler-Zittlau/Dux/Berger: Marburger Sprach-Screening für 4- bis 6-jährige Kinder (MSS) © Persen Verlag GmbH, Buxtehude

- Mit 12 Monaten hat das Kind bereits die Vorläuferstrukturen der Grammatik erworben: Es benutzt Einwortsätze, mit denen es komplexe Inhalte ausdrückt.
- Mit ca. 18 Monaten erwirbt das Kind das syntaktische Prinzip der Sprache.
- Bereits mit 2 bis 2;6 Jahren übernimmt es einzelne Elemente und Strukturen der Muttersprache.
- Mit etwa 3 Jahren beginnt das Kind in Sätzen zu erzählen, nach und nach übernimmt es einzelne syntaktische Besonderheiten der Sprache wie die Konjugation der Verben in der dritten Person Singular mit der Endung „t" (z. B. Der Junge lacht).
- Ab ca. 3;6 Jahren bilden Kinder Haupt- und Nebensätze mit Konjunktionen.

Die kindliche Kommunikations- und Sprachentwicklung mit der sukzessiven Übernahme der Laute und Phoneme, der Aneignung von Wörtern und Begriffen und dem Erkennen und Anwenden grammatischer Regeln ist bei einem ungestörten Verlauf im Alter von ca. 5 Jahren abgeschlossen.

Holler-Zittlau/Dux/Berger: Marburger Sprach-Screening für 4- bis 6-jährige Kinder (MSS) © Persen Verlag GmbH, Buxtehude

	Grammatik/Wortschatz	Artikulation			
ab 1. Tag	erster Schrei als Reaktion auf die Abnabelung, die Umstellung der Sauerstoffzufuhr; Schreien als Äußerung einer Störung des Gesamtempfindens, z. B. bei Hunger, Schmerz, Kälte u. a.	Schreien differenziertes Schreien			
ab 1. Monat	spontanes Lallen; zufriedenes Vor-sich-hin-Lallen, dabei Üben der Sprechmotorik	Gurren, Schnalzen Lautieren			
ab 6. Monat	Lallen, Selbstnachahmung der Laute, Verdoppelungen (Iterationen), Lallmonologe	nachahmendes Lallen breite Palette von Lauten la, la, la, da, da, da, brrr, rrrr u. a.			
ab 8. Monat	Lallen, Fremdnachahmung, Laute der Umgebung werden nachgeahmt				
ab 9. Monat	Sprachverständnis, einfache Wortbedeutungen werden erkannt, das Sprachverständnis wird unterstützt durch Mimik und Gestik	Beginn von gezielter Lautbildung M, B, P, N, L	entwicklungsbedingter Dysgrammatismus	entwicklungsbedingtes Stammeln	
ab 12. Monat	Ein-Wort-Sätze	einzelne Wörter wie „Mama", „Papa"; es kommen weitere Laute hinzu, z. B. W, F, D			
ab 18. Monat	Zwei- und Mehr-Wort-Sätze (Wortketten) 1. Fragealter: „Was ist das?" bzw. „is'n das?"				
mit 24 Monaten	aktiver Wortschatz: etwa 300 Wörter	Lautverbindungen mit L PF, T, CH1, CH2, SCH, R in Verbindungen			
2½ bis 3 Jahren	2. Fragealter: „Warum?"				
mit 3 Jahren	aktiver Wortschatz: etwa 1000 Wörter Analogiebildungen, z. B. gelaufen – geessen	weitere Lautverbindungen werden gelernt			
3–4 Jahren	physiologisches Stottern, Missverhältnis zwischen Sprechlust und Sprechgeschicklichkeit	K, G SCH in Verbindungen			physiologisches Stottern
mit 4 Jahren	aktiver Wortschatz: etwa 2000 Wörter	bis auf schwierige Lautverbindungen wie KR, DR und Zischlaute werden alle Laute der Muttersprache beherrscht			
Ende des 5. Jahres	Abschluss der Sprachentwicklung: 1. Wörter der Umgangssprache werden richtig artikuliert 2. die Wörter werden richtig gebeugt 3. die Sätze werden grammatisch richtig gebildet	alle Laute werden korrekt beherrscht			

Phasen der normalen Sprachentwicklung

Holler-Zittlau/Dux/Berger: Marburger Sprach-Screening für 4- bis 6-jährige Kinder (MSS) © Persen Verlag GmbH, Buxtehude

Sprachentwicklungsstand eines 2;6- bis 3-jährigen Kindes bei ungestörter Sprachentwicklung	Sprachentwicklungsstand eines 4-jährigen Kindes bei ungestörter Sprachentwicklung
Satz- und Grammatikentwicklung (Syntax und Morphologie)	
Form des einfachen Hauptsatzes ist erworben, korrekte Verb-Zweitstellung wird beachtet. **Beispiel:** 1. „Das Kind geht in die Schule." 2. „Die Kinder spielen auf dem Spielplatz."	
Einfache und erweiterte einfache Sätze werden meist richtig gebildet.	Zusammengesetzte Haupt- und Nebensätze können richtig formuliert werden. **Beispiel:** „Wir fahren in die Ferien, kommen aber nächste Woche wieder zurück."
Sätze mit mehreren Subjekten, Prädikaten, Attributen (syntaktisch nicht notwendige Anreicherung eines Satzteiles) vorhanden. **Beispiele:** 1. „Gabi und Paul malen und spielen im Haus." 2. „Peter und der Hund von Gabi laufen über die Straße."	Gebrauch der Satzverbindungen und Satzgefüge wird umfangreicher und sicherer.
Satzverbindungen mit Konjunktionen („und", „oder", „aber", …) verdrängen die unverbundenen Sätze. **Beispiele:** 1. Statt „Peter geht in das Haus. Peter holt den Ball" sagt das Kind „Peter geht in das Haus *und* holt den Ball." 2. Statt „Willst du den Ball haben? Willst du das Auto haben?" sagt das Kind „Willst du den Ball *oder* das Auto haben?"	Unter den Satzgefügen sind Lokal- und Temporalbestimmungen am häufigsten. **Beispiele:** 1. „Morgen backen wir in der Schule einen Kuchen, weil die Lehrerin Geburtstag hat." 2. „Ich gehe auf den Spielplatz und spiele mit meinen Freunden."
Aus unverbundenen werden verbundene Satzgefüge. **Beispiele:** 1. Aus „Ich freue mich – die Oma kommt" wird „Ich freue mich, wenn die Oma kommt." 2. Aus „Ich freue mich – es gibt Bonbons" wird „Ich freue mich, dass es Bonbons gibt."	Eine fremde Rede kann mit der Konjunktion „dass" im Satz wiedergegeben werden. **Beispiel:** 1. „Mein Vater hat gesagt, dass ich bald Geburtstag habe." 2. „Frau Müller hat gesagt, dass wir jetzt auf den Spielplatz gehen dürfen."
Fragestellungen werden korrekt formuliert, die Subjekt-Verb-Umstellung (Subjekt-Verb-Inversion) wird beachtet. **Beispiele:** 1. „*Hast* du gut *geschlafen*?" 2. „*Darf* ich mit Peter *spielen*?" 3. „*Möchtest* du einen Tee *trinken*?"	Formen der Deklination (Beugung, Flexion, des Substantivs, Adjektivs und Pronomens) und Konjugation (Flexion des Verbs) festigen sich.

Holler-Zittlau/Dux/Berger: Marburger Sprach-Screening für 4- bis 6-jährige Kinder (MSS) © Persen Verlag GmbH, Buxtehude

Inhalt und Satzstruktur sind richtig (Verb-Zweitstellung), es gibt aber noch kleine grammatische Verstöße (z. B. können Subjekt-Verb-Kongruenz, Artikelgebrauch, Pluralbildung noch fehlerhaft sein).

Beispiele:

1. „Du gehe**n** nach Hause."
2. „Ich will **der** Ball haben."
3. „Ich gehe über die Straße**n**."

Subjekt-Verb-Kongruenz wird richtig angewandt, d. h. dass das Kind das Verb dem Subjekt korrekt anpasst.

Beispiel:

„ich gehe", „du gehst", „er geht", „wir gehen", „ihr geht", „sie gehen"
Es bildet sich die Kongruenz zwischen
1. Substantiv und Pronomen
2. Substantiv und Adjektiv
3. Substantiv und Artikel
aus, d. h. sie werden einander angeglichen und korrekt verwendet.

Beispiele:

zu 1. „Ihr Kassettenrekorder ist kaputt."
zu 2. „Der große Mann spielt schöne Musik."
zu 3. „Die Schule macht Spaß".

Es tritt ein hoher Anteil an Ellipsen (syntaktisch unvollständige Aussagen; Auslassungen von Satzteilen, werden in der Umgangssprache häufig benutzt) auf.

Beispiele:

1. Auf die Frage „Wo ist der Ball?" antwortet das Kind statt „Der Ball ist im Garten." mit der Ellipse „Im Garten."
2. Auf die Frage „Wie alt bist du?" antwortet das Kind statt „Ich bin 8 Jahre alt." mit der Ellipse „Acht."

Fehler bei den Fällen (Kasus) nach Präpositionen, die Dativ (Frage: Wo?) und Akkusativ (Frage: Wohin?) fordern.

Beispiele:

1. Dativ: „Der Ball liegt unter **das** Bett."
2. Akkusativ: „Ich gehe in **der** Garten."

Erwerb des Kasussystems, die Fälle werden korrekt angewandt.

1. Nominativ auf die Frage „**Wer oder was**?"
Beispiele:

„Der Junge spielt Klavier."
„Das Mädchen spielt Klavier."
„Die Frau spielt Klavier."

2. Dativ auf die Frage „**Wem**?"
Beispiele:

„Er hat dem Mann ein Buch gegeben."
„Er hat dem Kind ein Buch gegeben."
„Er hat der Frau ein Buch gegeben."

3. Akkusativ auf die Frage „**Wen oder was**?"
Beispiele:

„Er schickte den Jungen nach Hause."
„Er schickte die Frau nach Hause."
„Er schickte das Mädchen nach Hause."

Zusammengesetzte Verben werden korrekt platziert (Verb-Zweitstellung und Verb-Endstellung).

Beispiel:

1. „Ich *habe* mit Peter *gespielt*."
2. „Das Haus *wurde gestern angestrichen*."

Holler-Zittlau/Dux/Berger: Marburger Sprach-Screening für 4- bis 6-jährige Kinder (MSS) © Persen Verlag GmbH, Buxtehude

Aneignung der Wortarten (Lexik)

Substantive/Nomen:

Es können zusammengesetzte Substantive angewandt werden.

Beispiele:

Baggerschaufel, Fahrradkorb, Puppenwagen

Es werden substantivierte Verben verwendet.

Beispiele:

1. „Das *Schwimmen* hat Spaß gemacht."
2. „Das *Spielen* heute war schön."

Benennungen für einige Oberbegriffe treten auf.

Substantive/Nomen:

Oberbegriffswissen erweitert sich, es erscheinen z. B. die Begriffe Besteck, Kleidung im Wortschatz der Kinder.
Pluralbildungen werden vorwiegend richtig gebildet. Eigene Wortschöpfungen treten auf.
Auf die Frage „*Wohin?*" wird korrekt mit dem Akkusativ, auf die Frage „*Wo?*" mit dem Dativ geantwortet. Nach den Präpositionen „an, auf, in, neben, unter" wird der entsprechende Fall korrekt verwendet.

Beispiele:
Dativ:
1. „Der Ball liegt *auf dem* Schrank." (der Schrank)
2. „Der Pulli liegt *in der* Schublade." (die Schublade)
3. „Der Ball liegt *unter dem* Sofa." (das Sofa)
Akkusativ:
1. „Ich habe den Ball *auf den* Schrank gelegt."
2. „Ich habe den Pulli *in die* Schublade gelegt."
3. „Der Ball ist *unter das* Sofa gerollt."

Verben:

Es werden Bedeutungsveränderungen durch den Gebrauch verschiedener Vorsilben vorgenommen.

Beispiel:

1. machen (ab-, zu-, nach-, um-)
2. schließen (zu-, ab-, auf-)

Der Gebrauch des Passiv Präsens tritt auf.

Beispiele:

1. „Die Puppe *wird gewickelt*."
2. „Lisa *wird abgeholt*."

Verben:

Festigung des richtigen Gebrauchs der Zeitformen Präsens und Perfekt; Plusquamperfekt und Imperfekt erscheinen.

Beispiele:

1. Präsens: „Der Vater geht in den Garten."
2. Perfekt: „Ich habe gegessen."
3. Plusquamperfekt: „Ich war im Kindergarten gewesen."
4. Imperfekt: „Petra spielte mit der Eisenbahn."

Alle Modal- und Hilfsverben werden verwendet (können, dürfen, möchten, sollen, wollen, sein, haben)

Vorgänge werden bezeichnet.

Beispiel:

„Die Blume wächst."

Adverbien (beschreiben das Verb näher):
Es treten Adverbien mit unterschiedlichen Funktionen auf.

Beispiele

1. Temporal: „Das Auto fährt langsam." (auch: dann, sofort, erst)
2. Lokal: „Dein Glas steht dort." (auch: wo)
3. Kausal: „Trotzdem darf er nicht mitspielen." (auch: sonst, darum)
4. Modal: „Du kannst gerne mitessen." (auch: zweimal, anders)

Adverbien:
Anzahl benutzter Adverbien erweitert sich.

Beispiele:

1. **Lokal:** „Der Mann fährt links über die Kreuzung." (auch: rechts, daneben)
2. **Modal:** „Vielleicht fahren wir bald in Urlaub." (auch: gern)
3. **Kausal:** „Ich habe nämlich Geburtstag, deswegen muss ich keine Hausaufgaben machen." (auch: doch)

Holler-Zittlau/Dux/Berger: Marburger Sprach-Screening für 4- bis 6-jährige Kinder (MSS) © Persen Verlag GmbH, Buxtehude

Adjektive (beschreiben ein Nomen näher):
Erweiterung der Anzahl, um Merkmale von Gegenständen und Handlungen zu benennen, z. B. *kurz – lang, hoch – niedrig, gut – schlecht, sauer – süß, schnell – langsam, laut – leise.*
Durch die Bevorzugung unbestimmter Artikel erfolgt eine gemischte Form der Deklination, deshalb sehr fehlerhaft.

Beispiele:

1. „Gib mir ein *schnelle* Auto."
2. „Brauche eine *großes* Schaufel."

Adjektive:
Die drei Grundfarben (*Rot, Blau, Gelb*) werden sicher bezeichnet.
Das Adjektiv *„ganz"* wird oft als Steigerung verwendet.

Beispiel: ganz schnell, ganz groß; …
Gebrauch von Paaren gegensätzlicher Adjektive im Komparativ (2. Steigerungsform wie *größer, schneller, höher, länger, …*)

Beispiel: *größer als – kleiner als*

Artikel, Pronomen:
Unbestimmte Artikel (*ein, eine*) werden richtig gebraucht, bei bestimmten Artikeln (*der, die, das*) treten noch Fehler auf.
Bei den Possessivpronomen (*mein, dein, sein, unser, euer, ihre*) treten im Dativ und Akkusativ noch Deklinationsfehler auf.

Beispiele:

1. Dativ: „Das Buch gehört *meine* Vater."
2. Akkusativ: „Die Mama bringt *deiner* Fahrrad in den Schuppen."

Personalpronomen im Plural (*wir, ihr, sie*) werden falsch gebraucht, die Kinder verwenden stattdessen oft „mir", „ihr", „dir".

Als Fragepronomen (Interrogativpronomen) treten „wann", „warum", „wozu" und „wie" auf.

Als Relativpronomen werden „welche" und „der" angewandt.

Artikel, Pronomen:
Dativ von „die" und „der" werden richtig angewandt.

Beispiele:

1. „Peter hilft der Mutter beim Kuchenbacken."
2. „Das neue Auto gefällt dem Jungen gut."

Bei den Possessivpronomen wird die Deklination im Singular vorgenommen.

Beispiele:

„*mein* Hund", „*meine* Katze", „*dein* Freund", „*deine* Freundin"

Als Fragepronomen (Interrogativpronomen) treten „weshalb", „woher" „wohin", „was", „wie viel" auf.

(Übersichten nach Clahsen 1988; Dannenbauer 1999)

Holler-Zittlau/Dux/Berger: Marburger Sprach-Screening für 4- bis 6-jährige Kinder (MSS) © Persen Verlag GmbH, Buxtehude

3. Störungen der Sprachentwicklung und des Spracherwerbs

3.1 Ursachen von Spracherwerbsstörungen

Verschiedene Faktoren und Bedingungen können den komplizierten Prozess der Sprachentwicklung und des Spracherwerbs stören und beeinträchtigen. Neben organischen Ursachen wie Hörstörungen, Anomalien der Sprechorgane, geistigen Behinderungen und genetischen Dispositionen können auch psychosoziale Faktoren oder ungünstige sprachliche Vorbilder zu Verzögerungen und Störungen im Spracherwerb führen.

Ursachenbündel für Sprachstörungen

Die Ursachen, die zu einer Sprachstörung führen und deren Aufrechterhaltung zur Folge haben, sind in der Regel durch mehrere Faktoren bedingt. Die Klärung der Ursachen ist Aufgabe von Fachleuten: In sorgfältigen Untersuchungen des Kindes und Gesprächen mit den Eltern kann herausgefunden werden, welche Faktoren zur Entstehung der Sprachstörung beigetragen haben und in welcher Gewichtung dabei die einzelnen vier Ursachenbündel beteiligt waren. Die notwendigen Fördermaßnahmen orientieren sich immer an den Entstehungsursachen der Sprachstörung und bedingen unterschiedliche therapeutische Ansätze.

Somatische Störungen

Anatomische Veränderungen im Bereich der Lippen, des Kiefers, des Gaumens oder der Zunge können zu Störungen der Aussprache führen. Auffälligkeiten in diesen Bereichen lassen sich schon sehr zeitig erkennen, denn sie verursachen auch Probleme beim Saugen, Kauen und Schlucken. Häufig erfolgt bei Spaltbildung im Bereich der Sprechorgane eine frühzeitige operative Versorgung. Andere angeborene Erkrankungen und genetische Störungen wie z. B. Down Syndrom (Trisomie 21) behindern ebenfalls den normgerechten Spracherwerb.

Periphere Hörstörungen

Da Sprache über das Hörorgan aufgenommen wird, beeinträchtigen unerkannte Schwerhörigkeiten die Sprachentwicklung erheblich. So kann ein hochgradiger Hörverlust den Spracherwerb sogar verhindern. Auch bei einer chronischen Mittelohrentzündung ist die Hörfähigkeit eingeschränkt. Dadurch wird auch die Sprachwahrnehmung erschwert, was eine Störung in der Aussprache und der Grammatik zur Folge haben kann.

Zentrale Hörstörungen

Die Sprachschallanalyse erfolgt über das sensorische und zentrale Hörsystem, die Verarbeitung des „Gehörten" durch das Gehirn. Störungen in der Hörwahrnehmung (auditive Wahrnehmungsstörungen) wirken sich besonders gravierend auf den Spracherwerb aus. So können z. B. ähnlich klingende Laute nicht differenziert werden oder das Verstehen in lauter Umgebung fällt besonders schwer. Auch das Zuordnen von Alltagsgeräuschen, das Unterscheiden unterschiedlicher Tonhöhen oder das Erkennen eines bestimmten Rhythmus gelingt nicht. Deshalb können auditive Wahrnehmungsstörungen auch das Schreiben- und Lesenlernen erschweren. Störungen der Wahrnehmung und Verarbeitung sind ebenfalls bei anderen Sinnesleistungen bekannt wie im visuellen oder taktilen Bereich.

Neurologische Störungen

Erkrankungen des zentralen Nervensystems zeigen sich u. a. durch neuromuskuläre Störungen im Bewegungsablauf, die sich auch auf das Sprechen auswirken. Die Aussprache wird undeutlich, verwaschen und auch das Sprechtempo ist verändert, sodass die Sprachverständlichkeit erheblich beeinträchtigt sein kann.

Kognitive Beeinträchtigungen

Der Spracherwerb und die kognitive Entwicklung stehen in einer wechselseitigen Beziehung und bedingen einander. Kognitive Beeinträchtigungen haben deshalb Auswirkungen auf den Spracherwerb und die Sprachentwicklung. Der Spracherwerb erfolgt häufig verlangsamt. So können z. B. konkrete Alltagsgegenstände benannt werden, komplizierte und abstrakte Zusammenhänge werden aber nur mit Mühe erkannt. Es bestehen deutliche Auffälligkeiten in der Wortschatzentwicklung und Satzbildung.

Soziale Beeinträchtigungen

Sprachvorbild

In Familien, in denen wenig gesprochen wird, erhalten Kinder oft nicht genug sprachliche Anregungen für ihre Entwicklung. Untersuchungen belegen, dass besonders in bildungsfernen und unterprivilegierten Familien für die Entwicklung der Kinder ungünstige Kommunikationsbedingungen und -formen zu finden sind. Die Kinder erhalten dort z. B. viele Aufforderungen, kurze Hinweise und Anweisungen etwas zu tun, jedoch wenige Erklärungen zu Sachverhalten und sozialen Handlungssituationen. Dies hat einen doppelt ungünstigen Effekt: Zum einen erhalten die Kinder ein undifferenziertes Sprachangebot und Sprachvorbild, z. B. wenig differenzierte Benennung von Gegenständen und kaum Formulierungen komplexer Sätze, zum anderen erhalten sie damit einhergehend auch wenig Informationen über die Gegenstände und Sachverhalte ihrer Umgebung. Dies hat wiederum Auswirkungen auf ihr Wissen und die kognitive Entwicklung.

Eltern, die mit ihrer Wortwahl und im Sprachumfang das Kind überfordern, indem sie besonders viel und mit einer abstrakten und sehr komplizierten Sprache mit dem Kind sprechen, bilden ebenfalls ein ungünstiges Sprachvorbild. Ihre Sprache ist nicht kindgerecht. Sie ist zu komplex, um vom Kind aufgegriffen und in sein bereits erworbenes Sprachwissen angemessen integriert werden zu können. Das Kind übernimmt Worte oder Satzfragmente der elterlichen Sprache, ohne diese jedoch in ihrer Sprachstruktur zu erfassen. Es zeigt sich dann das Bild des altklugen Kindes, das etwas „sehr Kluges" sagt, seine eigenen Worte und Sätze jedoch inhaltlich nicht versteht.

Kommunikation

Kinder, mit denen wenig gesprochen wird und die in der frühen Kindheit oft alleine sind, haben wenig Gelegenheit zur Kommunikation und zum sprachlichen Austausch. Sie erhalten dadurch auch geringen sprachlichen Input und haben nur eingeschränkt Gelegenheit, ihre Sprache mit anderen zu erproben. Durch Fernseh-, Video- und Kassettenkonsum hören die Kinder zwar Sprache, diese hat jedoch zumeist keine Handlungsbedeutung, denn eine sprachliche Reaktion wird von den technischen Medien nicht erwartet. Mangelnde Kommunikation und unzureichender Sprachgebrauch können zu Auffälligkeiten in allen sprachlichen Bereichen führen.

Erziehung

Kinder, denen alle Wünsche von den Augen abgelesen und erfüllt werden, lernen nur unzureichend, ihre Interessen zu artikulieren. Sie zeigen gelegentlich ein ängstliches und eingeschränktes Kommunikations- und Sprachverhalten.

Kinder aus sehr restriktiven Elternhäusern lernen zuweilen, dass es für sie günstiger ist, sich zu bestimmten Ereignissen nicht zu äußern, weil sie sonst Kritik erfahren und diese vermeiden möchten. Ihr Wortschatz ist oftmals undifferenziert und sie formulieren meist einfache Satzstrukturen.

Auch Kinder mit traumatischen Erfahrungen ent-

Holler-Zittlau/Dux/Berger: Marburger Sprach-Screening für 4- bis 6-jährige Kinder (MSS) © Persen Verlag GmbH, Buxtehude

wickeln manchmal ein ängstliches Verhalten und ziehen sich immer mehr aus der Kommunikation zurück.

Zweitspracherwerb

Besonders Kinder mit ausländischer Herkunft verfügen über geringe Deutschkenntnisse. Sie haben Mühe, die deutsche Sprache zu erlernen, da in den Familien der Kinder zumeist die Muttersprache des Vaters oder der Mutter gesprochen wird. Im schützenden Umfeld der Familie lernen die Kinder erst spät die deutsche Sprache kennen. Oftmals kommen sie sogar erst im Kindergarten mit ihr in Kontakt. Dort übernehmen sie dann die Sprache der Kinder, mit denen sie spielen. Oftmals sind es Kinder aus dem gleichen kulturellen Umfeld, aus dem sie selber kommen. Manche Kinder haben auch Probleme ihre familienbezogene Muttersprache altersentsprechend zu erlernen. Sie erwerben keine der beiden Sprachen altersge-

recht. Ihnen fehlt die für den Zweitspracherwerb notwendige Grundlage der Muttersprache und sie entwickeln für den Zweitspracherwerb ineffektive oder falsche Sprachmuster und -konzepte.

3.2 Sprachentwicklungssituationen im Vorschulalter

Haben Kinder organische Störungen, ungünstige Sprachvorbilder oder nicht genügend Gelegenheiten und Möglichkeiten ihre Sprache zu gebrauchen, einzuüben und zu erproben, kann das zu gravierenden Problemen in der Sprachentwicklung und im Spracherwerb führen.
Insgesamt lassen sich im Kindergarten und bei Schulanfang unterschiedliche Typen von Sprachentwicklungsverzögerungen und -störungen erkennen und beschreiben, die einer differenzierenden Diagnose und Förderung bedürfen.

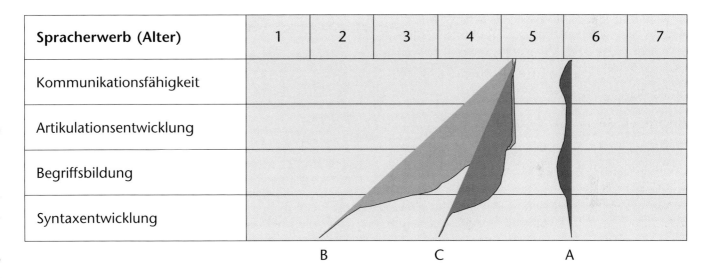

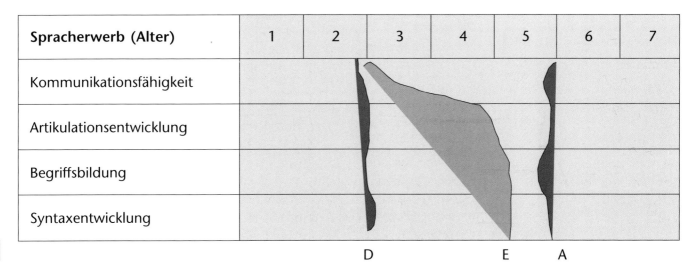

Holler-Zittlau/Dux/Berger: Marburger Sprach-Screening für 4- bis 6-jährige Kinder (MSS) © Persen Verlag GmbH, Buxtehude

A: Kinder mit ausbalancierter altersentsprechender Kommunikations- und Sprachentwicklung.

B: Kinder mit einem eingeschränkten Wortschatz und einer deutlich verzögerten Satzentwicklung:
Die Kinder haben eine altersentsprechende Kommunikationsfähigkeit. Sie sind aufgeschlossen und gehen auf andere Kinder zu. Ihre Artikulation ist unauffällig. Sie haben einen eingeschränkten Wortschatz und ihre Syntaxentwicklung entspricht der eines Kleinkindes.

C: Kinder mit kleinkindhafter Sprache:
Ihre Kommunikationsfähigkeit ist altersentsprechend. Sie sind aufgeschlossen und gehen auf andere Kinder zu. Sie haben einen deutlich eingeschränkten Wortschatz und ihre Syntaxentwicklung ist deutlich verzögert.

D: Kinder mit umfassender Sprachentwicklungsverzögerung oder -störung:
Ihre Aussprache ist undeutlich oder kaum verständlich. Sie haben einen geringen Wortschatz und eine sehr eingeschränkte Syntaxentwicklung.

E: Kinder mit Kommunikationsproblemen:
Sie sprechen wenig, manchmal auch sehr leise oder nur mit bestimmten Personen. Ihr Wortschatz und ihre Syntaxentwicklung sind jedoch altersentsprechend.

Holler-Zittlau/Dux/Berger: Marburger Sprach-Screening für 4- bis 6-jährige Kinder (MSS) © Persen Verlag GmbH, Buxtehude

4. Das Marburger Sprach-Screening (MSS)

Mit dem Marburger Sprach-Screening (MSS) werden in einem zeitökonomischen Verfahren wesentliche Schlüsselkompetenzen der Sprache des Kindes erfasst, die eine zuverlässige Aussage über den Sprachentwicklungsstand und den Erwerb der deutschen Sprache 4- bis 6-jähriger Kinder zulassen.

Das Sprach-Screening ermöglicht Aussagen über Kompetenzen, Verzögerungen und Störungen der Kommunikation, der Artikulation, des Wortschatzes, der Begriffsbildung und der Satzbildung (Syntax- und Grammatikentwicklung).

Es ist einfach in der Handhabung.

4.1 Grundlagen des Marburger Sprach-Screenings

Das Marburger Sprach-Screening ist am Verlauf einer ungestörten Kommunikations- und Sprachentwicklung von Kindern orientiert. Es bezieht sich in seinen Aufgabenstellungen auf wesentliche Etappen dieser Entwicklung.

Es basiert auf Erkenntnissen und Entwicklungsskalen zur Kommunikationsentwicklung (Bruner 1987; Papousèk 1991, 1994 und Zollinger 1988, 1995), zur Artikulationsentwicklung (Möhring 1938; Hacker 1999; Weinrich/Zehner 2003), zur Wortschatzentwicklung und Begriffsbildung (Bruner 1987; Szagun 1983; Kauschke 2000), zur Syntaxentwicklung (Clahsen 1982; 1988) sowie auf Entwicklungsskalen zum Sozial- und Spielverhalten (Wood 1992; Bergsson 1995).

Mit dem Marburger Sprach-Screening werden wesentliche Schlüsselkompetenzen, die im Verlauf der Sprachentwicklung erworben werden, überprüft. Sie geben Auskunft über den Sprachentwicklungsstand eines Kindes bzw. lassen Aussagen darüber zu, welche Schlüsselkompetenzen ein Kind im Zweitspracherwerb erworben hat. Das Marburger Sprach-Screening gibt zuverlässige Hinweise auf mögliche Ursachen festgestellter Sprachauffälligkeiten und lässt Folgerungen für weitere differenzialdiagnostische Untersuchungen und eine entwicklungsorientierte Förderung zu.

Das Marburger Sprach-Screening wurde mit 450 Kindern durchgeführt und erprobt. Der Auswertungsscore wurde auf der Grundlage der erhobenen Daten ermittelt.

Zusätzlich wurde das Verfahren durch Paralleluntersuchungen mit den diagnostischen Verfahren BISC, AVAK, ESGRAF und der Sprachüberprüfung nach Röhrl-Sendlmeier evaluiert.

4.2 Einsatzbereiche

Das Marburger Sprach-Screening ist für eine frühzeitige Überprüfung der sprachlichen Kompetenzen von Kindern im Alter von 4 bis 6 Jahren entwickelt worden.

Es kann von Erzieherinnen und Erziehern in Kindergärten und vorschulischen Einrichtungen sowie von Lehrkräften in Grund- und Sonderschulen eingesetzt und durchgeführt werden.

Bei Kindern mit besonderen Problemen in der sensorischen Entwicklung oder mit deutlichen Sprach-, Lern- und/oder Zweitspracherwerbsproblemen lässt das Verfahren auch über das Alter von 6 Jahren hinaus qualitative Aussagen zum Spracherwerb zu.

Prüfbereiche

Mit dem Marburger Sprach-Screening können Aussagen über Kompetenzen, Verzögerungen und Störungen eines Kindes in folgenden Bereichen getroffen werden:
- Kommunikations- und Sprachfähigkeit
- Artikulationsentwicklung
- Wortschatzentwicklung und Begriffsbildung
- Satzentwicklung

Es kann differenziert werden zwischen:
- einem altersentsprechenden Sprachentwicklungsstand
- Verzögerungen und Störungen
    - in der kommunikativ-pragmatischen Entwicklung
    - in der semantisch-lexikalischen Entwicklung
    - in der syntaktisch-morphologischen Entwicklung
    - in der phonetisch-phonologischen Entwicklung

- in der psychosozialen und emotionalen Entwicklung
- organischen Schädigungen und sensorischen Beeinträchtigungen
- einer allgemeinen sprachlichen Entwicklungsverzögerung

Das Verfahren gibt Hinweise auf mögliche Ursachenkomplexe, die zu Sprachentwicklungsverzögerungen und Störungen führen können, wie

- organische Befunde, z. B. Hörstörungen, Sehstörungen, Körperbehinderungen, chronische Erkrankungen, zentralorganische Störungen,
- ungünstige soziale Entwicklungsbedingungen,
- ungünstige Zweitspracherwerbsbedingungen.

4.3 Aufbau des Marburger Sprach-Screenings

Das Sprach-Screening enthält folgende Materialien:

❭ das vorliegende Handbuch; es enthält theoretische Informationen zur Sprachentwicklung und zum Spracherwerb sowie alle notwendigen Anweisungen zur Durchführung und Auswertung des Sprach-Screenings; außerdem Hinweise zum weiteren diagnostischen Vorgehen sowie Informationen zur pädagogischen Förderung

❭ die Bildvorlage „Spielplatz" (ein Exemplar ist diesem Band beigelegt; zusätzlich ist die Bildvorlage im 5er-Pack unter der Bestellnummer 3999 erhältlich)

❭ Überprüfungsbögen (in diesem Band auf den Seiten 38–52; zusätzlich im 10er-Pack unter der Bestellnummer 3638 erhältlich).

Die verschiedenen sprachlichen Bereiche werden anhand eines Bildes überprüft. Das **Bild „Spielplatz"** ist gewählt worden, weil es der Erfahrungs- und Gedankenwelt eines Kindes entspricht. Alle Kinder, unabhängig davon, ob sie einen Kindergarten besuchen oder nicht, ob sie in Deutschland geboren sind oder nicht, können auf der Abbildung unterschiedliche Personen, Gegenstände und Tätigkeiten erkennen.

Das Marburger Sprach-Screening umfasst folgende Teilbereiche:

- Ergänzende Informationen (Eltern): Elternfragebogen zur Entwicklung des Kindes
- Ergänzende Informationen (Kindergarten/Schule): Fragebogen für Erzieherinnen und Erzieher, Lehrerinnen und Lehrer zum Sozial-, Spiel- und Arbeitsverhalten und zum Sprachverhalten

- Fragebogen für das Kind bei der Kontaktaufnahme
- Das Sprach-Screening: Es ist in folgende Untertests untergliedert:
1. Spontansprache
2. Sprachverständnis
3. Sprachproduktion
4. Wortschatz/Artikulation/Begriffsbildung
4.1 Artikulation und Nomen (Gegenstände)
4.2 Adjektive (Farben, Eigenschaften und Formen)
4.3 Verben (Tätigkeiten)
5. Grammatik
5.1 Pluralbildung (Mehrzahl)
5.2 Satzbildung
5.2.1 Subjekt-Verb, 3. Person Singular (Einzahl)
5.2.2 Präposition im Akkusativkontext
5.2.3 Präposition im Dativkontext
5.2.4 Nebensatzbildung mit Konjunktion
5.2.5 Partizipbildung
6. Phonologische Diskriminationsfähigkeit
6.1 Auditive Wahrnehmung: „gleich oder verschieden?"
6.2 Reimwörter: „Welche Wörter hören sich ähnlich an?"
6.3 Wortlänge: „Welches Wort ist länger?"

- Auswertungsbogen für 4- bis 5-Jährige
- Auswertungsbogen für 5- bis 6-Jährige
- Elternbrief mit Einverständniserklärung

4.4 Hinweise zur Durchführung des Marburger Sprach-Screenings

Vor der Durchführung des Marburger Sprach-Screenings muss das Einverständnis der Eltern eingeholt werden (Vorlage für einen Elternbrief S. 53). Das Marburger Sprach-Screening ist ein Einzelprüfverfahren.

Die Einzelüberprüfung dauert etwa 15–20 Minuten.

Jedem Kind werden grundsätzlich alle Subtests und Aufgaben angeboten.

Standardisierung der Aufgaben

Die Aufgaben sind standardisiert und durch die Bildvorlage sowie das Handbuch vorgegeben. Die Instruktionen zu den einzelnen Untertests sollen wörtlich übernommen werden, da die vorgeschlagenen Formulierungen ganz bestimmte Antwortreaktionen beim Kind anregen und provozieren. Eine zeitliche Begrenzung für die Durchführung einzelner Aufgaben besteht nicht.

Holler-Zittlau/Dux/Berger: Marburger Sprach-Screening für 4- bis 6-jährige Kinder (MSS) © Persen Verlag GmbH, Buxtehude

Abbruch der Sprachüberprüfung

Kinder, die in einem Subtest zwei aufeinanderfolgende Aufgaben nicht sprachlich beantworten, erhalten keine weiteren Aufgaben aus dieser Aufgabenreihe.

Werden in drei aufeinander folgenden Subtests zu den ersten zwei Aufgaben keine sprachlichen Antwortreaktionen gegeben, wird die Überprüfung abgebrochen.

Überprüfung sprachlicher Kompetenzen

Die Betrachtung der Bildvorlage „Spielplatz" ermöglicht sowohl eine spontane Auseinandersetzung und sprachliche Darstellung des Kindes als auch eine gezielte Anregung (Evozierung) sprachlicher Äußerungen.

Die einzelnen Fragestellungen des Marburger Sprach-Screenings sind kindgemäß, handlungsorientiert und situativ. Spontane Ideen und Äußerungen des Kindes zum Bild und zu einzelnen Fragestellungen sind erwünscht und sollen zugelassen werden.

Gerade für Kinder mit wenig Kommunikations- und Spracherfahrungen in der deutschen Sprache ist es wesentlich, jegliche sprachliche Äußerungen zuzulassen und zu unterstützen. Dabei hat der Sprachinhalt immer Vorrang vor der Sprachform und sollte im Gespräch aufgegriffen werden. Eine Wiederholung des vom Kind angesprochenen Inhaltes in einer angemessenen sprachlichen Form, durch Wiederholung, Ergänzung (Expansion) oder sprachlich korrekter Formulierung zeigt dem Kind, dass es inhaltlich verstanden wird, und es motiviert das Kind zur weiteren Betrachtung des Bildes.

Evozieren sprachlicher Äußerungen

Mit spezifischen Fragen, die ganz bestimmte sprachliche Formen evozieren, wird die artikulatorische, begriffliche und die grammatische Vielfalt im Sprachgebrauch des Kindes erfasst.

Dazu ist es erforderlich, bei jedem Subtest die Instruktionen genau zu beachten.

- **Dekodieren:** Wird das Kind aufgefordert, auf dem Spielplatzbild einzelne Gegenstände oder Tätigkeiten zu zeigen, wird das Sprachverständnis des Kindes hinsichtlich einzelner Wörter und Begriffe sowie Satzmuster und grammatischer Strukturen angesprochen. Um bestimmte Handlungsanweisungen oder Fragen beantworten zu können, muss das Kind einzelne Wörter und grammatische Strukturen des Satzes bzw. der Frage entschlüsseln und verstehen können. Das Sprachverständnis und das Erkennen von Satzstrukturen stehen in einem unmittelbaren Zusammenhang.

- **Rekonstruktion:** Wird das Kind aufgefordert, selbst Dinge oder Tätigkeiten zu benennen oder zu beschreiben, die der Prüfer/die Prüferin zeigen soll, ist das Kind gefordert, erworbene Sprache, z. B. Wörter oder Satzmuster, zu erinnern, sie inhaltlich zu seiner Vorstellung in Bezug zu setzen, kognitiv zu rekonstruieren und sprechmotorisch in der Artikulation zu realisieren.

- **Produktion:** Soll oder will das Kind Gegenstände und Tätigkeiten benennen oder erfragen, die noch nicht genannt wurden, muss es Wörter, Begriffe und auch erworbenes metasprachliches und grammatisches Regelwissen erinnern und diese in neuen inhaltlichen Kontexten sprachlich konstruieren. Dieses ist eine höhere kognitive Anforderung bzw. Leistung als die Rekonstruktion.

4.5 Protokollieren und Bewerten einzelner Aufgaben

Die Protokollierung der Antwortreaktionen des Kindes beschränkt sich in der Regel auf ein Ankreuzen im Auswertungsfeld des Protokollbogens bzw. auf eine genaue Protokollierung der Formulierungen des Kindes.

Eine differenzierende Aussage zum Spracherwerb des Kindes ist nur möglich, wenn eine genaue Notierung der Formulierungen des Kindes hinsichtlich der Artikulation, der Wortwahl und der Satzbildung erfolgt.

Die Bewertung der Antwortreaktionen erfolgt in den einzelnen Teilaufgaben kriteriumsorientiert im Hinblick auf den jeweils zu überprüfenden sprachlichen Bereich.

Mit den Zeichen (+), (–), (o) und (/) wird markiert, ob die Antwortreaktion des Kindes im Sinne der Aufgabenstellung richtig (+) oder falsch (–) ist oder ob die Aufgabe nicht verstanden und entsprechend nicht beantwortet oder nicht bearbeitet (o) wurde. Der Eintrag (/) oder ein leeres Feld bedeuten, dass die Aufgabe nicht gestellt bzw. an dieser Stelle der Subtest abgebrochen wurde.

Im Kapitel 5 dieses Manuals sind für jede Aufgabengruppe Bewertungsbeispiele dargestellt (vgl. S. 26–36).

Bewertung der Antwortreaktionen 4- bis 5-jähriger Kinder:

Für die Bewertung der Antwortreaktionen ist Folgendes zu beachten: Die Sprachentwicklung 4-jähriger Kinder ist noch nicht abgeschlossen. Altersbedingt sind die Kinder bei der Sprachnutzung vorwiegend am Inhalt und der Bedeutung von Sprache interessiert. Gegenstände und Tätigkeiten, für die die Kinder noch keinen Begriff entwickelt haben, werden von ihnen häufig umschrieben. Auf die Frage „Wie fühlt sich der Teddy an?" antworten Kinder zum Beispiel „wie Wolle" oder „wie eine Feder".

Sie zeigen mit dieser Formulierung, dass sie den Inhalt der Frage verstanden haben und mit ihren sprachlichen Umschreibungen „wie Wolle" inhaltlich sinnvoll antworten.

Obwohl sie eine genaue Vorstellung von der Eigenschaft des Teddys haben, haben sie noch keinen festen Begriff für die wahrgenommene Eigenschaft entwickelt, etwa das Adjektiv „wollig" oder „weich".

Sie benutzen aus diesem Grunde auch keine Adjektive.

Die Bewertung einer Antwortreaktion erfolgt deshalb unter zwei verschiedenen Aspekten, dem Inhaltsaspekt und dem Aspekt der sprachlichen Form.

Die Antwort „wie Wolle" würde in einem Subtest zum Wortschatz für einen 4-Jährigen unter dem Inhaltsaspekt positiv (+) bewertet. Die sprachliche Form würde mit minus (–) notiert werden.

Für die Bewertung der Antwortreaktionen 4- bis 5-Jähriger gilt grundsätzlich: Der Sprachinhalt hat Vorrang vor der Sprachform.

Bewertung der Antwortreaktionen 5- bis 6-jähriger Kinder:

Der Spracherwerb ist bei 5- bis 6-jährigen Kindern zumeist abgeschlossen. Sie verfügen über einen altersentsprechenden Wortschatz und haben die meisten grammatischen Regeln der deutschen Sprache intuitiv erschlossen und wenden diese bis auf wenige Ausnahmen auch richtig an (Motsch 1999; Clahsen 1988).

Für die Bewertung der Antwortreaktionen 5- bis 6-jähriger Kinder ist Folgendes zu beachten: Die Antwortreaktionen des Kindes werden ebenso wie bei 4- bis 5-jährigen Kindern unter dem Inhaltsaspekt und dem Aspekt der sprachlichen Form getrennt bewertet. Auf die Frage „Wie fühlt sich der Teddy an?" würde die Antwortreaktion „wie Wolle" unter dem Inhaltsaspekt richtig (+) bewer-

tet werden, unter dem Aspekt der Sprachform jedoch als nicht altersentsprechend (–).

Für die Bewertung der Antwortreaktionen 5- bis 6-Jähriger gilt grundsätzlich: Der Sprachinhalt und die Sprachform müssen sich wie durch die spezifische Fragestellung angeregt entsprechen.

Während der Überprüfung können zusätzliche Beobachtungen bzw. Auffälligkeiten des Kindes aufgenommen und notiert werden. Diese können wichtige Hinweise für die spätere differenzierende Gesamteinschätzung und das weitere förderdiagnostische Vorgehen geben.

Es kann sinnvoll sein, eine zweite Person zum Protokollieren mit in die Überprüfung einzubeziehen.

4.6 Gesamtbewertung

Mit den einzelnen Subtests werden kriteriumsorientiert ganz bestimmte sprachliche Leistungen erfasst, die als entwicklungslogische Voraussetzungen für erfolgreiches sprachliches Handeln und den Schriftspracherwerb gelten.

Die Auswertung erfolgt für 4- bis 5-jährige Kinder und für 5- bis 6-jährige Kinder getrennt. In den Auswertungsbögen sind Skalen und Normwerte angegeben. Die erreichten Rohwerte des Kindes werden dort eingetragen und mit den Normwerten verglichen. In den Auswertungsbogen werden alle Subtests mit (+) bzw. (–) bewertet.

„Unauffällig" bedeutet: Die sprachliche Kompetenz des Kindes ist in diesem Bereich altersentsprechend bzw. ausreichend und gut genug für ein weiteres Voranschreiten im Spracherwerb ohne zusätzliche pädagogische oder therapeutische Unterstützung.

Der Maßstab für die Bewertung „unauffällig" entspricht der Einschätzung, dass bei ca. 60 % richtiger Anwendung eines sprachlichen Begriffs oder einer grammatischen Struktur diese von dem Kind strukturell erkannt und erworben wurde und sich im weiteren Sprachgebrauch ausdifferenziert (Motsch 2000).

„Auffällig" bedeutet: Die erreichte Punktzahl weist darauf hin, dass die sprachliche Kompetenz des Kindes in diesem Bereich nicht altersentsprechend ist. Das Kind zeigt in diesem Teilbereich des Spracherwerbs deutliche Probleme, die einer differenzialdiagnostischen Überprüfung und ggf. einer gezielten medizinischen, pädagogischen oder therapeutischen Abklärung und Unterstützung bedürfen.

Holler-Zittlau/Dux/Berger: Marburger Sprach-Screening für 4- bis 6-jährige Kinder (MSS) © Persen Verlag GmbH, Buxtehude

Auswertungsbogen für 4- bis 5-Jährige

Bei den vorgegebenen Normwerten im Auswertungsbogen für 4- bis 5-Jährige wird berücksichtigt, dass sich die Sprache der Kinder dieser Altersgruppe noch in der Entwicklung befindet.

Für Kinder mit Zweitspracherwerb muss eine kompetenzbezogene qualitative Auswertung des Sprach-Screenings erfolgen.

Auswertungsbogen für 5- bis 6-Jährige und Schulanfänger

Bei den vorgegebenen Normwerten im Auswertungsbogen für 5- bis 6-Jährige wird berücksichtigt, dass der Spracherwerb weitgehend abgeschlossen ist, in einzelnen Bereichen jedoch noch Unsicherheiten und fehlerhafte Formulierungen auftreten können. Für Kinder mit Zweitspracherwerb muss eine kompetenzbezogene qualitative Auswertung des Sprach-Screenings erfolgen.

Für die 5- bis 6-jährigen Kinder werden Orientierungshinweise zur weiteren Förderung gegeben (vgl. S. 58).

Holler-Zittlau/Dux/Berger: Marburger Sprach-Screening für 4- bis 6-jährige Kinder (MSS) © Persen Verlag GmbH, Buxtehude

5. Durchführung der Überprüfung

5.1 Mantelbogen zum Überprüfungsbogen

In den Mantelbogen (S. 38) werden Name und Alter des Kindes eingetragen. Um das Alter des Kindes zum Zeitpunkt der Überprüfung errechnen zu können, ist das Geburtsdatum und das Überprüfungsdatum in den Bogen einzutragen.

Die Einrichtung, in der die Überprüfung durchgeführt wird, und der Name des Prüfers/der Prüferin sollen notiert werden, damit Rückfragen möglich sind.

Bedeutungsvoll für die Auswertung des Marburger Sprach-Screenings ist es außerdem, welche Sprache in der Familie des Kindes gesprochen wird und welche die Muttersprache des Kindes ist.

So kann es z. B. sein, dass bei einem Kind mit einer deutschen Mutter und einem italienischen Vater die Sprache der Mutter, also die Muttersprache zwar deutsch ist, in der Familie jedoch vorwiegend italienisch gesprochen wird.

5.2 Elternfragebogen: Ergänzende Informationen (Eltern)

Der Elternfragebogen (S. 39) enthält Fragen zur Entwicklung, zum Sozial- und Spielverhalten und zu Erkrankungen des Kindes.

Ziel:

Ermitteln, ob und welche Besonderheiten in der kindlichen Entwicklung zu beobachten waren und wie die aktuelle Entwicklungssituation des Kindes ist.

Testvorlage und Instruktion:

Die Eltern erhalten einen Fragebogen und werden gebeten, den Bogen auszufüllen und an die Einrichtung zurückzugeben.

Eltern, die Fragen haben, sollten beim Ausfüllen des Fragebogens unterstützt werden. Offene Fragen möglichst gemeinsam klären.

Auffälligkeiten in der körperlichen und sprachlichen Entwicklung können auf dem Bogen gesondert vermerkt werden, z. B. Komplikationen in der Schwangerschaft oder während der Geburt, Unfälle oder Erkrankungen in der frühen Kindheit, später Sprachbeginn nach dem 2. Lebensjahr u. a.

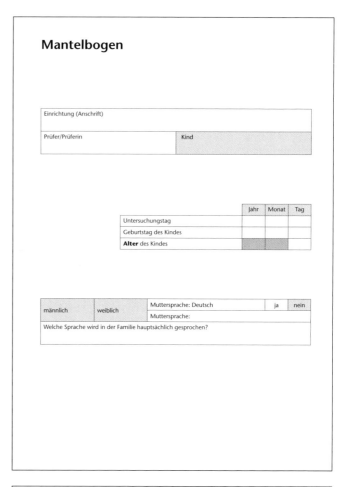

Holler-Zittlau/Dux/Berger: Marburger Sprach-Screening für 4- bis 6-jährige Kinder (MSS) © Persen Verlag GmbH, Buxtehude

Protokollierung und Bewertung:

Die Einschätzungen der Eltern werden auf der fünfstufigen Skala eingetragen.
Weichen von den neun Eintragungen mehr als 3 von der Normtabelle (S. 55) ab, ist das Kind in seiner Entwicklung auffällig.

5.3 Fragebogen: Ergänzende Informationen (Kindergarten/Schule)

Der Fragebogen (S. 40) enthält Fragen zum Sozial-, Lern- und Sprachverhalten des Kindes. Erzieher/Erzieherinnen sind gute Beobachter/innen und kennen die Kinder ihrer Gruppe. Sie können zuverlässige Aussagen zum Verhalten des Kindes in der Gruppe treffen und geben damit wertvolle Hinweise zum Entwicklungsverlauf und zu den Kompetenzen eines Kindes.

Ziel:

Erkennen von Auffälligkeiten im Sozial-, Lern- und Sprachverhalten des Kindes.

Testvorlage und Instruktion:

Der Erzieher/die Erzieherin bzw. die Lehrkraft in der Schule erhält den ergänzenden Fragebogen zum Sozial-, Lern- und Sprachverhalten des Kindes und wird gebeten ihn auszufüllen.
Auf der fünfstufigen Skala soll das Verhalten eines Kindes eingeschätzt und notiert werden. Dabei wird erläutert, dass es wenig hilfreich und aussagekräftig ist, unreflektiert das ambivalente „manchmal" anzukreuzen.

Ergänzende Informationen (Kindergarten/Schule)

1. Sozial-, Spiel- und Arbeitsverhalten	immer	häufig	manchmal	selten	nie
Das Kind nimmt aktiv am Gruppengeschehen teil.					
Das Kind spielt gerne mit anderen Kindern zusammen.					
Das Kind ist schüchtern, spielt am liebsten alleine.					
Das Kind wird wegen seiner geringen Sprachkenntnisse vom Spiel ausgeschlossen.					
Das Kind entwickelt viele Spielideen.					
Das Kind spielt Rollen- und Phantasiespiele.					
Das Kind spielt mit Material, mit dem man bauen und konstruieren muss.					
Das Kind spielt nur, wenn man ihm sagt, was es spielen soll.					
Das Kind führt Aufgaben selbstständig durch.					
Das Kind bricht bei Schwierigkeiten das Spiel ab.					
Das Kind hilft anderen Kindern.					
Das Kind zieht sich alleine Jacke und Schuhe an/aus.					
Das Kind malt gerne.					

2. Sprachverhalten					
Das Kind stellt viele Fragen.					
Das Kind versteht Spiel- und Arbeitsanweisungen richtig.					
Das Kind spricht nur, wenn es aufgefordert/gefragt wird.					
Das Kind spricht nur mit der Erzieherin.					
Das Kind spricht nur mit einzelnen ausgewählten Kindern.					
Das Kind spricht sehr leise.					
Das Kind spricht oft mit lauter Stimme (es schreit).					
Das Kind vermeidet das Sprechen.					
Das Kind verständigt sich vorwiegend durch Gesten.					
Das Kind stottert.					

1. Sozial-, Spiel- und Arbeitsverhalten (S. 40, oben)

Protokollierung und Bewertung:

Die Einschätzungen des Erziehers/der Erzieherin bzw. der Lehrkraft werden auf der fünfstufigen Skala eingetragen.
Weichen von den 13 Eintragungen mehr als 4 von der Normtabelle (S. 56) ab, ist das Kind in seiner Entwicklung auffällig. Es ist eine Nachfrage bei den Eltern hinsichtlich des von ihnen beobachteten Sozial-, Spiel- und Arbeitsverhaltens erforderlich.

Erwartetes Verhalten:

Die Aussagen werden von den Erziehern/Erzieherinnen und Lehrkräften meistens verstanden. Die Beantwortung bedarf manchmal einiger Überlegungen und zusätzlicher Beobachtungen. Eine genaue Beobachtung ermöglicht eine zuverlässigere Gesamteinschätzung des Kindes und gegebenenfalls Hinweise für das weitere Vorgehen.

2. Sprachverhalten (S. 40, unten)

Protokollierung und Bewertung:

Die Einschätzungen des Erziehers/der Erzieherin bzw. der Lehrkraft werden auf der fünfstufigen Skala eingetragen.
Weichen von den 10 Eintragungen mehr als 2 von der Normtabelle (S. 56) ab, ist das Kind in seinem

Kommunikations- und Sprachverhalten auffällig. Es ist eine Nachfrage bei den Eltern hinsichtlich des von ihnen beobachteten Sprachverhaltens erforderlich.

Erwartetes Verhalten:

Die Aussagen werden von den Erziehern/Erzieherinnen bzw. Lehrkräften meistens verstanden. Die Beantwortung bedarf manchmal einiger Überlegungen und zusätzlicher Beobachtungen. Die Einschätzung des Sprachverhaltens des Kindes erfordert gegebenenfalls zusätzliche Beobachtungen.

5.4 Zur Durchführung des Marburger Sprach-Screenings

Kontaktaufnahme mit dem Kind

Ziel:

Vertrauensvolle Basis für die Überprüfung aufbauen, Kennenlernen des Kindes, Kenntnisse des Kindes zur eigenen Person feststellen.

Testvorlage und Instruktion:

Das Kind wird gebeten, mit dem Prüfer/der Prüferin in einen gesonderten Raum zu gehen.
Der Prüfer/die Prüferin beginnt die Kontaktaufnahme und spricht das Kind an. Dies kann auf unterschiedliche Weise erfolgen. Es können verschiedene Themen, wie das Geschehen in der Gruppe, das Wochenende, die Kinder, das Tagesgeschehen, besondere Ereignisse usw. angesprochen werden.
Um das Kind kennenzulernen und seine Kenntnisse zur eigenen Person zu erfassen, werden die auf dem Fragebogen (S. 41) notierten Inhalte erfragt. Die Frageformulierungen können dabei je nach Situation variiert werden.

Beispiel:

Statt *„Wann hast du Geburtstag?"* kann gefragt werden: *„Weißt du schon, wann du Geburtstag hast?"*, oder statt *„Gehst du gern in den Kindergarten?"*; *„Ich habe gehört, dass du gern in den Kindergarten kommst ..."*
Notiert werden die Antwortreaktionen des Kindes. Diese können sprachlich, aber auch nicht sprachlich sein.

Beispiel:

Auf die Frage *„Wie alt bist du?"* sagt das Kind: *„4 Jahre"*, oder das Kind zeigt mit 4 Fingern sein Alter und sagt: *„So viel"*, oder es zeigt sein Alter mit 4 Fingern, oder es zuckt mit den Schultern ...

Zeigt das Kind Besonderheiten im Verhalten, möchte es z. B. die Gruppe nicht verlassen; möchte es seine Freundin mitnehmen; stellt es besondere Fragen zur Prüfsituation; ist es besonders ängstlich etc., wird dieses unter Bemerkungen notiert.

Holler-Zittlau/Dux/Berger: Marburger Sprach-Screening für 4- bis 6-jährige Kinder (MSS) © Persen Verlag GmbH, Buxtehude

Bildvorlage „Spielplatz"

Das Bild „Spielplatz" ist die Vorlage für die Überprüfung der Sprachentwicklung 4- bis 6-jähriger Kinder. Auf der Abbildung „Spielplatz" sind Spiel- und Handlungssituationen, Personen und Gegenstände dargestellt, die der Erfahrungs- und Gedankenwelt der Kinder entsprechen.

Überprüfung der Sprachkenntnisse
Aufgabenstellungen, Zielsetzungen, Instruktionen, Bewertungen

Aufgabe 1: Spontansprache

Ziel:

Feststellen, ob sich das Kind spontan zu dem vorgelegten Bild äußert.

Testvorlage und Instruktion (S. 42):

Prüfer/Prüferin zeigt dem Kind das Spielplatzbild und sagt:
„Schau mal hier, ich habe dir ein Bild mitgebracht. Darauf ist viel zu sehen. Was siehst du? Was machen die Kinder?"

Das Kind äußert sich spontan zu dem Bild	ja	nein

Äußerungen des Kindes:

Protokollierung und Bewertung:

Es wird **ja** angekreuzt, wenn sich das Kind spontan zu dem Bild äußert, wenn es etwas zeigt oder über das Bild spricht. Es wird **nein** angekreuzt, wenn das Kind sich nicht oder erst nach mehrmaliger Aufforderung äußert.

Beispiel:

Kind – Frau – Junge – Baum – Kinder spielen
Da Junge – der weinen – Hose da. !

Die Äußerungen eines Kindes werden so notiert, wie sie formuliert wurden, auch Wortwiederholungen, Halbsätze oder unvollständige Formulierungen.
Das Ende der Äußerungen des Kindes wird durch ein Ausrufezeichen „!" markiert.

Beispiel:

„da sind viele Kinder – der spielt im Sand – und die bauen eine Burg – Der Junge weint, heult,
weil der gefallen ist – der Matthias ist auch gefallen, hat geblutet, gestern – ...

Die drei Punkte ... deuten an, dass das Kind noch mehr erzählt hat, als notiert wurde.
Manche Kinder müssen mehrfach aufgefordert werden, bevor sie sich zu dem Bild äußern. Sie zeigen oder benennen einzelne Gegenstände oder Handlungssituationen.

Erwartetes Verhalten:

Die Erfahrung zeigt, dass die meisten Kinder nach einer kurzen Betrachtung des Bildes spontan vielfältige Dinge benennen, abgebildete Tätigkeiten beschreiben und aus ihrer eigenen Erlebniswelt berichten.

Holler-Zittlau/Dux/Berger: Marburger Sprach-Screening für 4- bis 6-jährige Kinder (MSS) © Persen Verlag GmbH, Buxtehude

Aufgabe 2: Sprachverständnis

Ziel:

Überprüfen bzw. feststellen, ob das Kind Inhalte einzelner Begriffe, Satzphrasen und Satzkonstruktionen versteht, diese dekodieren und entsprechend auf dem Bild zeigen kann.

Testvorlage und Instruktion (S. 42):

Prüfer/Prüferin nennt einzelne Personen, Gegenstände und Situationen und fordert das Kind auf, diese zu zeigen.

Beispiel:

„Zeige mir …"

zeigt stattdessen:	+	−
einen Baum		
*einen Jungen **mit** einer blauen Hose*		
das Mädchen, das den Sand in den Anhänger schüttet		

Beispiel:

„Zeige mir den Jungen mit der *blauen* Hose." Das Kind zeigt einen Jungen mit einer *roten* Hose (−).

Erwartetes Verhalten:

Die meisten Kinder haben kaum Probleme im Sprachverständnis und zeigen alle geforderten Gegenstände, Personen und Tätigkeiten. Manche Kinder zeigen einzelne Gegenstände und Personen. Sie haben Mühe längere Satzphrasen und Sätze zu verstehen.

Beispiel:

„Zeige mir das Mädchen, das den Sand in den Anhänger schüttet?" Das Kind zeigt das Mädchen, das im Sandkasten sitzt. Es hat offensichtlich die Worte Mädchen und Sand verstanden. Der Inhalt des gesamten Satzes wurde nicht erfasst. Im Protokollbogen wird in der Spalte „zeigt stattdessen" *zeigt auf Kind im Sandkasten* protokolliert und die Antwortreaktion als falsch mit (−) bewertet.

Protokollierung und Bewertung:

Zeigt das Kind den angesprochenen Gegenstand, wird dieses mit (+) notiert. Zeigt es einen anderen als den genannten, wird dieses mit (−) bewertet.

Aufgabe 3: Sprachproduktion

Ziel:

Feststellen, ob das Kind Sprache als Handlungsaufforderung einsetzen kann. Es soll, wie der Prüfer/die Prüferin zuvor, Gegenstände und Handlungssituationen benennen, die gezeigt werden sollen.

Testvorlage und Instruktion (S. 43):

Prüfer/Prüferin gibt dem Kind das Bild und sagt: *„Ich habe dich jetzt viel gefragt. Du hast mir alles gezeigt. Sage mir nun, was ich dir zeigen soll!"*

Das Kind sagt:

1		
2		
3		
4	+	−
5		
6	+	−

Holler-Zittlau/Dux/Berger: Marburger Sprach-Screening für 4- bis 6-jährige Kinder (MSS) © Persen Verlag GmbH, Buxtehude

Das Kind benennt unterschiedliche Gegenstände und Spielsituationen, die der Prüfer/die Prüferin daraufhin zeigt. Um festzustellen, ob das Kind die Bedeutung seiner genannten Worte kennt, zeigt der Prüfer/die Prüferin bei der 4. und 6. Aufforderung des Kindes einen falschen Gegenstand und notiert, ob das Kind die fehlerhafte Reaktion bemerkt.

Protokollierung und Bewertung:

Protokolliert werden die Gegenstände und Handlungssituationen, die das Kind anspricht. Bei der 4. und 6. Aufforderung des Kindes wird ein falscher Gegenstand gezeigt. Es wird zusätzlich protokolliert, ob das Kind bemerkt, dass etwas Falsches gezeigt wurde (+). Wird die Fehlreaktion des Prüfers/der Prüferin nicht bemerkt, wird dieses mit (–) bewertet.

Erwartetes Verhalten:

Die meisten Kinder nennen Gegenstände und Tätigkeiten, die zuvor von dem Prüfer/der Prüferin gezeigt wurden. Einige Kinder nennen auch Gegenstände und Handlungssituationen, die zuvor noch nicht angesprochen wurden. Die Kinder benutzen Einwortformulierungen und auch komplexere Satzkonstruktionen. Bemerkt das Kind die fehlerhafte Zeigereaktion des Prüfers/der Prüferin, so wird damit deutlich, dass das Kind die Bedeutung seiner eigenen Sprache genau kennt.

Manche Kinder haben Mühe, die Aufgabenstellung zu verstehen. Sie formulieren einzelne Begriffe, die der Prüfer/die Prüferin zuvor verwendet hat. Sie erfragen keine neuen Inhalte und/oder sie bemerken die falsche Reaktion nicht. Manche Kinder geben lediglich ein oder zwei Aufforderungen. Sie zeigen damit, dass sie unsicher in ihren Sprachkenntnissen und der Sprachverwendung sind. Die Zeigereaktionen des Prüfers, der Prüferin müssen bei diesen Kindern richtig sein, um sie nicht zusätzlich zu verunsichern.

Aufgabe 4: Wortschatz/Lautbildung/Begriffsbildung

4.1 Lautbildung und Nomen (Gegenstände)

Mit diesem Untertest werden gleichzeitig der Wortschatz und die Lautbildungsfähigkeit der Kinder überprüft.

Ziel:

a) Feststellen, ob das Kind alltägliche Gegenstände kennt und benennen kann (Begriffsbildung).
b) Feststellen, ob das Kind unterschiedliche Laute und Lautverbindungen der deutschen Sprache richtig aussprechen kann (Lautbildung).

Testvorlage und Instruktion:

Prüfer/Prüferin zeigt verschiedene Gegenstände auf dem Bild und fragt:

„Was ist das?"	Lautbildung				Wortschatz		
Gezeigter Gegenstand	Prüflaut	Ersatzlaut	+	–	Kind sagt stattdessen	+	–
Ball	B						
Schaukel	Sch						
Kiste	st						
Treppe	Tr						

Protokollierung und Bewertung (S. 43):

a) Wortschatz
Notiert werden alle Begriffe und sprachlichen Formulierungen, wie sie vom Kind formuliert werden. Benennt das Kind den gezeigten Gegenstand mit dem entsprechenden Zielbegriff, wird dieses mit einem (+) notiert. Kennt das Kind einen Gegenstand nicht oder kann es den Gegenstand nicht benennen oder sprachlich umschreiben, so wird dieses mit einem (–) notiert. Werden vom Kind Alltags- oder Individualbegriffe, Umschreibungen oder Funktionsbeschreibungen formuliert, so werden diese ebenfalls mit einem (+) bewertet, da das Kind zum Ausdruck bringt, dass es von diesem Gegenstand eine Vorstellung hat, die es sprachlich repräsentieren kann.

Holler-Zittlau/Dux/Berger: Marburger Sprach-Screening für 4- bis 6-jährige Kinder (MSS) © Persen Verlag GmbH, Buxtehude

b) Lautbildung:

Bei Gegenständen, die vom Kind in erwarteter Weise benannt werden, wird die Lautbildung des Wortes in der Spalte Lautbildung notiert. Wird das Wort korrekt ausgesprochen, wird dieses in der Spalte *Lautbildung* (+) mit einem (+) vermerkt.

Wird der Prüflaut des Wortes falsch ausgeprochen oder ausgelassen, wird der Ersatzlaut bzw. die Auslassung des Prüflauts in den Spalten *Lautbildung Ersatzlaut* und *Lautbildung* (–) notiert und in der Spalte *Lautbildung* (–) mit einem (–) vermerkt.

Gegenstände, die vom Kind nicht in der erwarteten Weise benannt oder umschrieben werden, werden dem Kind mit dem gewünschten Wort **deutlich vorgesprochen**. Das Kind wird gebeten, das Wort **nachzusprechen**. Die korrekte Lautbildung des Ziellautes wird mit einem (+), eine Auslassung mit einem (–) und eine Fehlbildung ebenfalls mit einem (–) der entsprechenden Ersatzlautung notiert.

Beispiel:

Sagt ein Kind zu einem Ball „Kugel" oder Fußball spielen, hat es den Gegenstand erkannt und mit seinen Äußerungen sprachlich sinnvoll beschrieben. Diese werden in der Spalte Wortschatz notiert und mit einem (+) bewertet.

Das gewünschte Wort „Ball" wird dem Kind zur Überprüfung der Lautbildung **deutlich vorgesprochen**, mit der Bitte das Wort zu wiederholen.

Spricht das Kind das Wort richtig nach, so wird dieses in der Spalte Lautbildung mit einem (+) notiert, da der Ziellaut „B" richtig ausgesprochen wurde.

Erwartetes Verhalten:

Die meisten Kinder kennen und benennen alle Gegenstände. Einzelne Gegenstände werden mit abweichenden Namen, Begriffen und Umschreibungen bezeichnet.

4-jährige Kinder können die meisten Laute und Phoneme der deutschen Sprache richtig aussprechen. Einzelne Probleme treten noch bei der Artikulation von Zischlauten „S", „Sch" und Konsonantenhäufungen „str" und „kr" bzw. „tr" auf.

Die meisten 5- bis 6-jährigen Kinder sprechen alle Wörter und Laute richtig aus. Sie haben kaum Lautbildungsprobleme. Manche Kinder können einzelne Gegenstände und Handlungssituationen nicht benennen, oder sie formulieren individuelle nicht übliche Begriffe.

4.2 Adjektive (Farben, Eigenschaften und Formen)

Ziel:

Feststellen, ob das Kind einen Gegenstand in seinen sichtbaren Eigenschaften differenziert wahrnimmt und benennen kann.

Testvorlage und Instruktion (S. 44):

Prüfer/Prüferin zeigt auf Farben, Eigenschaften und Formen verschiedener Gegenstände auf dem Bild und fragt:

			Eigenschaft erkannt		Adjektiv benannt	
Welche Farbe hat/haben ...?	erwartete Antwort	Antwort des Kindes	+	–	+	–
der Ball	rot, orange					
Wie fühlt sich das an ...?						
der Teddy	weich, warm ...					
Das Buch ist eckig. Welche Form hat ...?						
die Kiste	eckig					

Holler-Zittlau/Dux/Berger: Marburger Sprach-Screening für 4- bis 6-jährige Kinder (MSS) © Persen Verlag GmbH, Buxtehude

Protokollierung und Bewertung:

Notiert werden die Äußerungen des Kindes.
Von der erwarteten Antwort abweichende sinnvolle Benennungen werden als richtig (+) bewertet. Die sprachliche Form wird hinsichtlich der evozierten Form bewertet:
Beispiel: Inhaltliche Aussage: Der Ball fühlt sich *weich* (+), *glatt* (+), *kalt* (+), *„wie eine Kugel"* (+) an.
Die benutzte sprachliche Form: Der Ball fühlt sich *weich* (+), *glatt* (+), *kalt* (+) an, werden als richtig bewertet, weil es Adjektive sind; *„wie eine Kugel"* ist eine Umschreibung und wird mit (–) bewertet.

Erwartetes Verhalten:

Die meisten Kinder beschreiben die Gegenstände in ihren häufig benannten Eigenschaften. Die Benennung fühlbarer Eigenschaften ist für jüngere Kinder oft schwierig. Manche Kinder benennen einzelne nicht sichtbare Eigenschaften.

4.3 Verben (Tätigkeiten)

Ziel:

Feststellen, ob die abgebildete Handlungssituation erkannt wird.
Feststellen, ob die Tätigkeiten richtig benannt werden können.

Testvorlage und Instruktion (S. 44):

Prüfer/Prüferin zeigt auf bestimmte Kinder des Bildes und fragt:

„Was machen die Kinder ...?"

	erwartete Antwort	Antwort des Kindes	Tätigkeit erkannt +	Tätigkeit erkannt –	mit Verb benannt +	mit Verb benannt –
... auf der Schaukel	Sie schaukeln.					
... auf der Wiese	Sie lesen, sie schauen ein Buch an.					

Protokollierung und Bewertung:

Notiert werden die Äußerungen des Kindes, auch verkürzte, fehlerhafte und unvollständige sprachliche Formulierungen.

Beispiel:

Das Kind deutet Schaukelbewegungen mit dem Körper an oder sagt *„hin und her"*. Es hat die Aufforderung in seiner inhaltlichen Aussage verstanden. Dieses wird mit (+) bewertet. Die sprachliche Formulierung enthält keine Verbkonstruktion und wird deshalb mit (–) bewertet.

Erwartetes Verhalten:

Die meisten Kinder benennen die dargestellten Tätigkeiten. Manche Kinder zeigen durch Imitation oder pantomimische Darstellung der angesprochenen Tätigkeiten, dass sie die Aufgabenstellung verstanden haben. Ein hilfloser Blick deutet darauf hin, dass sie das passende Wort zur Beschreibung der Tätigkeit nicht kennen.

Aufgabe 5: Grammatik

Ziel:

Feststellen, ob das Kind über sprachliches Regelwissen verfügt und dieses in seinen sprachlichen Formulierungen anwendet.

Testvorlage und Instruktion (S. 45 ff.):

Das Bild wird gemeinsam mit dem Kind betrachtet.
Die Fragen in den nachfolgenden Aufgabengruppen sind so formuliert, dass bestimmte sprachliche Konstruktionen und Regelanwendungen für die Beantwortung der Frage evoziert und gefordert werden.

Holler-Zittlau/Dux/Berger: Marburger Sprach-Screening für 4- bis 6-jährige Kinder (MSS) © Persen Verlag GmbH, Buxtehude

Erwartetes Verhalten:

Die meisten Kinder lösen ohne Mühe die in diesem Untertest formulierten Aufgaben und konstruieren die angestrebten Sprachformen. Manche Kinder verstehen die Aufgabenstellung in ihren inhaltlichen Anforderungen, erkennen die formale Sprachanforderung jedoch nicht. Sie reagieren auf den Inhaltsaspekt und produzieren nicht die erwartete grammatische Form.

Notierung und Bewertung:

Notiert wird der vom Kind gewählte sprachliche Ausdruck in der formulierten grammatischen Form. Artikulatorische Auffälligkeiten oder eine besondere Begriffswahl werden mitnotiert, bei der Bewertung jedoch nicht berücksichtigt.

Beispiel:

Das Kind formuliert: *„Das ist eine Bume"* (statt Blume) und *„Das sind Bumen"* (+) (statt Blumen). Diese Formulierung des Kindes ist im Sinne der Aufgabenstellung (Mehrzahlbildung) als richtig zu bewerten, weil die grammatische Form der Pluralbildung korrekt ist; der Artikulationsfehler wird in diesem Subtest in der Bewertung nicht berücksichtigt.

5.1 Pluralbildung (Mehrzahl)

Ziel:

Feststellen, ob das Kind unterschiedliche Formen der Pluralbildung kennt und anwenden kann.

Testvorlage und Instruktion:

Prüfer/Prüferin zeigt …

	Antwort des Kindes:	+	−
… auf das Mädchen mit der Krone und sagt: *„Hier ist ein Kind."* Er/Sie zeigt dann auf die Kinder auf der Schaukel und fragt: *„Und hier sind viele …?"*			
	Kinder		

Protokollierung und Bewertung:

Die Antwort wird in der sprachlichen Form notiert, in der sie das Kind formuliert hat. Bewertet werden mit (+) und (−) ausschließlich die verwendeten Pluralformen.

Beispiel:

Kind – Kinder (+), *Buch – zwei Buch* (−), *Haus – Hause* (−)

Erwartetes Verhalten:

Die meisten 4-jährigen Kinder bilden die Mehrzahlformen richtig. Manche Kinder generalisieren einzelne Pluralformen.

5.2 Satzbildung

5.2.1 Subjekt-Verb, 3. Person Singular (Einzahl)

Ziel:

Feststellen, ob die Subjekt-Verb-Kongruenz in der dritten Person Singular erworben ist und vom Kind gebildet werden kann.

Testvorlage und Instruktion:

Der Prüfer/die Prüferin zeigt auf das schaukelnde Mädchen und sagt:
„Guck mal, das Mädchen schaukelt."

Holler-Zittlau/Dux/Berger: Marburger Sprach-Screening für 4- bis 6-jährige Kinder (MSS) © Persen Verlag GmbH, Buxtehude

Bei dieser Formulierung wird die Verb-Endung „**t**" durch die Intonation deutlich hervorgehoben.

Der Prüfer/die Prüferin zeigt dann …

	erwartete Antwort des Kindes:	+	–
… auf das Mädchen mit dem Teddy und fragt: *„Und was macht das Mädchen? Das Mädchen …"*			
	… rennt. … läuft. …		

Protokollierung und Bewertung:

Notiert wird die vom Kind gewählte und formulierte grammatische Form. Alle sinnvollen Tätigkeiten, die mit der gezeigten Abbildung assoziiert und vom Kind formuliert werden, sind zulässig.

Beispiel:

rennt (+); *rennen* (–); *das rennen* (–); *das Mädchen da läuft* (+). Wird vom Kind eine andere sinnvolle Tätigkeit als die erwartete genannt, ist dies kein Fehler. Bewertet wird ausschließlich die grammatische Form.

Erwartetes Verhalten:

Die meisten Kinder antworten auf die gestellten Fragen inhaltlich angemessen.
Manchmal treten in der sprachlichen Form bei jüngeren Kindern oder Kindern mit nicht deutscher Muttersprache Fehler auf.

5.2.2 Präposition im Akkusativkontext

Ziel:

Feststellen, ob das Kind Präpositionen sprachlich in den Akkusativkontext einbetten kann.

Prüfer/Prüferin zeigt …	erwartete Antwort des Kindes:	+	–
… auf den Jungen auf der Rutsche und fragt: *„**Wohin** rutscht der Junge?"*			
	… **in den** Sandkasten.		

Protokollierung und Bewertung:

Die Antwort wird in der vom Kind formulierten Form und Struktur notiert und hinsichtlich der grammatischen Form bewertet.

Beispiel:

in Sandkasten (–); *dahin* (–); *in den Sand* (+); *in den Sandkasten* (+)

5.2.3 Präposition im Dativkontext

Ziel:

Feststellen, ob das Kind Präpositionen sprachlich in den Dativkontext einbetten kann.

Testvorlage und Instruktion:

Prüfer/Prüferin zeigt …	erwartete Antwort des Kindes:	+	–
… auf das Mädchen mit dem Eimer beim Traktor und fragt: *„**Woher** hat das Mädchen den Sand geholt?"*			
	… **aus dem** Sandkasten.		

Protokollierung und Bewertung:

Die Antwort des Kindes wird in der vom Kind formulierten Form und Struktur notiert und hinsichtlich der grammatischen Form bewertet.

Beispiel:

aus Sandkasten (–); aus dem Sandkasten (+); Sandkasten (–); von da (–)

Erwartetes Verhalten:

Die meisten Kinder antworten auf die gestellten Fragen inhaltlich richtig. Manchmal treten in der sprachlichen Form bei jüngeren Kindern oder Kindern mit ausländischer Herkunft Fehler auf.

5.2.4 Nebensatzbildung mit Konjunktion

Ziel:

Feststellen, ob das Kind Begründungen oder Erklärungen für eine bestimmte Situation geben kann und diese sprachlich durch ein Satzgefüge mit der Kausalkonjunktion „weil" konstruieren kann.

Testvorlage und Instruktion:

Prüfer/Prüferin zeigt …

	erwartete Antwort des Kindes:	+	–
… auf den Jungen im Rollstuhl und fragt: „**Warum** sitzt der Junge im Rollstuhl?"	… **weil** er krank ist. … **weil** er nicht laufen kann. … **weil** …		

Protokollierung und Bewertung:

Zulässig ist jede Formulierung und inhaltliche Begründung. Die Antwort wird in der vom Kind formulierten Form und Struktur notiert und hinsichtlich der grammatischen Form bewertet.

Beispiel:

weiß nicht (–); der Junge ist krank (–); der sitzt da (–); der guckt (–); weil er krank ist (+); der ist krank (–); weil der nicht laufen kann (+); weil, der kann nicht laufen (+). Die letztgenannte Formulierung ist mit (+) zu bewerten, da sie dem mündlichen Sprachgebrauch entspricht <u>und</u> eine Konjunktion enthält.

Erwartetes Verhalten:

Die meisten Kinder verwenden mit 4 Jahren Haupt- und Nebensatzkonstruktionen und benutzen die Konjunktion „weil". Manche Kinder geben keine Antwort auf die gestellte Frage oder bilden zur Begründung einfache Aussagesätze.

5.2.5 Partizipbildung

Ziel:

Feststellen, ob das Kind grundsätzlich das Prinzip der Partizip-Perfekt-Bildung erkannt hat.

Testvorlage und Instruktion:

Prüfer/Prüferin zeigt …

	erwartete Antwort des Kindes:	+	–
… auf das Mädchen auf dem Klettergerüst und fragt: „**Wie** ist das Mädchen auf das Klettergerüst gekommen?"	Es ist **geklettert**. …		

34

Holler-Zittlau/Dux/Berger: Marburger Sprach-Screening für 4- bis 6-jährige Kinder (MSS) © Persen Verlag GmbH, Buxtehude

Protokollierung und Bewertung:

Zulässig ist jede inhaltliche Erklärung. Die Antwort wird in der vom Kind formulierten Form und Struktur notiert und hinsichtlich der grammatischen Form bewertet.

Beispiel:

Das Mädchen ist detlettert (+); das ist hoch dedanden (+); das ist oben (–); das Mädchen klettert (–).

In den positiv bewerteten Beispielen ist die grammatische Form des Partizips erkannt und gebildet; die fehlerhafte Aussprache wird in diesem Untertest nicht bewertet.

Erwartetes Verhalten:

Die meisten Kinder bilden im Alter von 4 Jahren Partizip-Konstruktionen. Bei Kindern mit ausländischer Herkunft treten häufiger Fehler auf.

Aufgabe 6: Phonologische Diskriminationsfähigkeit

Das Sprach-Screening zur phonologischen Diskriminationsfähigkeit ist für 5- bis 6-jährige Kinder konzipiert.

Ziel:

Feststellen, ob das Kind von dem Inhaltsaspekt der Sprache absehen und die Sprache als formales System betrachten kann.

6.1 Auditive Wahrnehmung: „gleich oder verschieden?"

Testvorlage und Instruktion:

Prüfer/Prüferin sagt: „*Ich sage dir immer zwei Wörter und du sagst mir, ob sie sich **gleich** oder **verschieden** anhören. Zum Beispiel: Haus – Haus. Haus und Haus hören sich **gleich** an. Hose – Dose. Hose und Dose hören sich **verschieden** an.*"

	Kind sagt:	+	–		Kind sagt:	+	–
Hund – Tag				*Keller – Teller*			
Maus – Maus				*Schlüssel – Schüssel*			

Protokollierung und Bewertung:

Die Antwortreaktion des Kindes wird notiert und hinsichtlich der Aufgabenstellung zur auditiven Wahrnehmung bewertet.

Beispiel:

Keller – Teller wird als gleich benannt. Diese Entscheidung ist falsch (–).

Erwartetes Verhalten:

Die meisten Kinder können auch sehr ähnlich klingende Wörter wie Schlüssel und Schüssel unterscheiden. Kindern, die vorwiegend am Sprachinhalt orientiert sind, oder die Probleme in der auditiven Diskrimination haben, gelingt dies nur teilweise.

Holler-Zittlau/Dux/Berger: Marburger Sprach-Screening für 4- bis 6-jährige Kinder (MSS) © Persen Verlag GmbH, Buxtehude

6.2 Reimwörter: *„Welche Wörter hören sich ähnlich an?"*

Testvorlage und Instruktion:

Prüfer/Prüferin sagt: *„Ich sage dir immer drei Wörter, zwei davon klingen **ähnlich**. Sage mir, welche Wörter **ähnlich** klingen. Zum Beispiel: Haus – Maus – Blume. Haus und Maus klingen **ähnlich**."*

	Kind sagt:	+	–
Hose – Dose – Hemd			

Protokollierung und Bewertung:

Die Antwortreaktion des Kindes wird notiert und hinsichtlich der Aufgabenstellung bewertet.

Beispiel:

Hose – Hemd werden als ähnlich benannt, weil beides Kleidungsstücke sind. Im Sinne der Aufgabenstellung ist diese Entscheidung nicht richtig (–).

Erwartetes Verhalten:

Die meisten Kinder erkennen die Reimwörter. Manche Kinder treffen ihre Entscheidung nach der Funktion der mit den Begriffen benannten Gegenstände.

6.3 Wortlänge: *„Welches Wort ist länger?"*

Testvorlage und Instruktion:

Prüfer/Prüferin sagt:
*„Ich sage zwei Wörter. Welches Wort ist **länger**? Zum Beispiel: Regenjacke – Tür. Das Wort Regenjacke ist **länger**."*

	Kind sagt:	+	–
Schmetterling – Brett			

Protokollierung und Bewertung:

Die Antwortreaktion des Kindes wird notiert und hinsichtlich der Aufgabenstellung bewertet.

Beispiel:

Das Wort Brett ist länger als das Wort Schmetterling, weil das Brett größer ist als der Schmetterling. Im Sinne der Aufgabenstellung ist diese Entscheidung nicht richtig (–).

Erwartetes Verhalten:

Manche Kinder beziehen sich in ihrer Entscheidung auf die Inhalte der genannten Begriffe, z. B. die äußere Erscheinung.

Holler-Zittlau/Dux/Berger: Marburger Sprach-Screening für 4- bis 6-jährige Kinder (MSS) © Persen Verlag GmbH, Buxtehude

6. Das Prüfverfahren

Auf den folgenden Seiten finden Sie alle für die Durchführung und Auswertung des Tests erforderlichen Bögen:

Hinweis: Die Testbögen können im 10er-Pack unter der Bestellnummer **3638** beim Verlag oder im Buchhandel bestellt werden. Auch die Bildvorlage „Spielplatz" ist gesondert erhältlich (5er-Pack, Bestellnummer **3999**).

Holler-Zittlau/Dux/Berger: Marburger Sprach-Screening für 4- bis 6-jährige Kinder (MSS) © Persen Verlag GmbH, Buxtehude

Mantelbogen

Einrichtung (Anschrift)	
Prüfer/Prüferin	Kind

	Jahr	Monat	Tag
Untersuchungstag			
Geburtstag des Kindes			
Alter des Kindes			

männlich	weiblich	Muttersprache: Deutsch	ja	nein
		Muttersprache:		
Welche Sprache wird in der Familie hauptsächlich gesprochen?				

Holler-Zittlau/Dux/Berger: Marburger Sprach-Screening für 4- bis 6-jährige Kinder (MSS) © Persen Verlag GmbH, Buxtehude

Ergänzende Informationen (Eltern)

	immer	häufig	manchmal	selten	nie
Geht Ihr Kind regelmäßig in den Kindergarten?					
Geht Ihr Kind gerne in den Kindergarten?					
Erzählt Ihr Kind etwas von seinen Freunden/Freundinnen oder aus dem Kindergarten?					
Erzählt Ihr Kind gerne „kleine" Geschichten?					
Malt Ihr Kind gerne?					
Kann Ihr Kind einen Ball mit beiden Händen fangen?					
Kann Ihr Kind sich längere Zeit selbst beschäftigen?					
Ist Ihr Kind erkältet?					
Haben Sie den Eindruck, dass Ihr Kind nicht richtig hört?					

Ist bereits eine Hörüberprüfung erfolgt? Wenn ja, wann?	ja	nein
Hat die Hörüberprüfung Auffälligkeiten ergeben?	ja	nein

Besonderheiten in der körperlichen Entwicklung:

Besonderheiten in der sprachlichen Entwicklung:

Holler-Zittlau/Dux/Berger: Marburger Sprach-Screening für 4- bis 6-jährige Kinder (MSS) © Persen Verlag GmbH, Buxtehude

Ergänzende Informationen (Kindergarten/Schule)

1. Sozial-, Spiel- und Arbeitsverhalten

	immer	häufig	manchmal	selten	nie
Das Kind nimmt aktiv am Gruppengeschehen teil.					
Das Kind spielt gerne mit anderen Kindern zusammen.					
Das Kind ist schüchtern, spielt am liebsten alleine.					
Das Kind wird wegen seiner geringen Sprachkenntnisse vom Spiel ausgeschlossen.					
Das Kind entwickelt viele Spielideen.					
Das Kind spielt Rollen- und Phantasiespiele.					
Das Kind spielt mit Material, mit dem man bauen und konstruieren muss.					
Das Kind spielt nur, wenn man ihm sagt, was es spielen soll.					
Das Kind führt Aufgaben selbstständig durch.					
Das Kind bricht bei Schwierigkeiten das Spiel ab.					
Das Kind hilft anderen Kindern.					
Das Kind zieht sich alleine Jacke und Schuhe an/aus.					
Das Kind malt gerne.					

2. Sprachverhalten

	immer	häufig	manchmal	selten	nie
Das Kind stellt viele Fragen.					
Das Kind versteht Spiel- und Arbeitsanweisungen richtig.					
Das Kind spricht nur, wenn es aufgefordert/gefragt wird.					
Das Kind spricht nur mit der Erzieherin.					
Das Kind spricht nur mit einzelnen ausgewählten Kindern.					
Das Kind spricht sehr leise.					
Das Kind spricht oft mit lauter Stimme (es schreit).					
Das Kind vermeidet das Sprechen.					
Das Kind verständigt sich vorwiegend durch Gesten.					
Das Kind stottert.					

Holler-Zittlau/Dux/Berger: Marburger Sprach-Screening für 4- bis 6-jährige Kinder (MSS) © Persen Verlag GmbH, Buxtehude

Name:

Kontaktaufnahme mit dem Kind

	Antwort des Kindes:
Wie heißt du?	
Wie alt bist du?	
Wann hast du Geburtstag?	
Wo wohnst du?	
Gehst du gern in den Kindergarten?	
Was gefällt dir dort am besten?	
Was gefällt dir dort nicht?	
Womit spielst du gerne?	
Mit wem spielst du gerne?	

Bemerkungen:

Holler-Zittlau/Dux/Berger: Marburger Sprach-Screening für 4- bis 6-jährige Kinder (MSS) © Persen Verlag GmbH, Buxtehude

Überprüfung der Sprachkenntnisse (Bildvorlage „Spielplatz")

1. Spontansprache

Prüfer/Prüferin zeigt dem Kind das Bild und sagt:
„Schau mal hier, ich habe dir ein Bild mitgebracht. Darauf ist viel zu sehen. Was siehst du? Was machen die Kinder?"

Kind spricht spontan über das Bild	ja	nein

Äußerungen des Kindes:

2. Sprachverständnis

Prüfer/Prüferin nennt einzelne Personen/Gegenstände und Situationen und fordert das Kind auf, diese zu zeigen.

„Zeige mir…?"

	zeigt stattdessen:	+	−
einen Baum			
ein Buch			
die Rutsche			
*ein Kind **im** Sandkasten*			
*einen Jungen **mit** einer blauen Hose*			
*das Mädchen **auf** der Schaukel*			
*den Wagen **hinter** der Wippe*			
*den Jungen **neben** dem Klettergerüst*			
*eine grüne Kiste **unter** dem Brett*			
das Mädchen, das den Sand in den Anhänger schüttet			

Holler-Zittlau/Dux/Berger: Marburger Sprach-Screening für 4- bis 6-jährige Kinder (MSS) © Persen Verlag GmbH, Buxtehude

3. Sprachproduktion

Prüfer/Prüferin gibt dem Kind das Bild und sagt:
„Ich habe dich jetzt viel gefragt. Du hast mir alles gezeigt. Sage mir nun, was ich dir zeigen soll!"

Kind sagt:

1		
2		
3		
4	+	–
5		
6	+	–

4. Wortschatz/Lautbildung/Begriffsbildung

4.1 Lautbildung und Nomen (Gegenstände)

Prüfer/Prüferin zeigt verschiedene Gegenstände auf dem Bild und fragt:
„Was ist das?"

Gezeigter Gegenstand	Lautbildung				Wortschatz		
	Prüflaut	Ersatzlaut	+	–	Kind sagt stattdessen	+	–
Ball	B						
Dach	ch_2						
Fahne	F						
Wagen	W						
Bücher	ch_1						
Sandkasten	S						
Kind	K						
Schaukel	Sch						
Kiste	st						
Blume	Bl						
Klettergerüst	Kl						
Rutsche	R						
Treppe	Tr						
Krone	Kr						

Holler-Zittlau/Dux/Berger: Marburger Sprach-Screening für 4- bis 6-jährige Kinder (MSS) © Persen Verlag GmbH, Buxtehude

4.2 Adjektive (Farben, Eigenschaften und Formen)

Prüfer/Prüferin zeigt auf Farben, Eigenschaften und Formen verschiedener Gegenstände auf dem Bild und fragt:

Welche Farbe hat/haben ...?	erwartete Antwort	Antwort des Kindes	Eigenschaft erkannt +	Eigenschaft erkannt −	Adjektiv benannt +	Adjektiv benannt −
der Ball	rot, orange					
der Pulli	gelb					
die Hose des Kindes	blau					
die Blätter des Baumes	grün					
Wie fühlt sich das an ...?						
der Teddy	weich, warm ...					
das Gras	nass, weich ...					
das Brett	hart, kantig ...					
die Rutsche	hart, glatt ...					
Das Buch ist eckig. Welche Form hat ...?						
der Ball	rund					
die Kiste	eckig					
das Fenster	(vier)eckig					
das Rohr	rund					

4.3 Verben (Tätigkeiten)

Prüfer/Prüferin zeigt auf bestimmte Kinder des Bildes und fragt:

„Was machen die Kinder ...?"

	erwartete Antwort	Antwort des Kindes	Tätigkeit erkannt +	Tätigkeit erkannt −	mit Verb benannt +	mit Verb benannt −
... auf der Schaukel	Sie schaukeln.					
... auf der Rutsche	Sie rutschen.					
... im Sandkasten	Sie spielen. Sie bauen.					
... auf der Wiese	Sie lesen, sie schauen ein Buch an.					

Holler-Zittlau/Dux/Berger: Marburger Sprach-Screening für 4- bis 6-jährige Kinder (MSS) © Persen Verlag GmbH, Buxtehude

5. Grammatik

5.1 Pluralbildung (Mehrzahl)

Prüfer/Prüferin zeigt …

	Antwort des Kindes:	+	−
… auf das Mädchen mit der Krone und sagt: *„Hier ist ein Kind."* Er/Sie zeigt dann auf die Kinder auf der Schaukel und fragt: *„Und hier sind viele …?"*	Kinder		
… zeigt auf den großen Baum und sagt: *„Hier ist ein Baum."* Er/Sie zeigt dann auf die Bäume im Hintergrund und fragt: *„Und hier sind …?"*	Bäume		
… auf den roten Ball und sagt: *„Hier ist ein Ball."* Er/Sie zeigt dann auf die Bälle neben dem Wagen und fragt: *„Und hier sind …?"*	Bälle		
… auf das lila Auto und sagt: *„Hier ist ein Auto."* Er/Sie zeigt dann auf das rote und das blaue Auto und fragt: *„Und hier sind …?"*	Autos		
… auf eine Blume neben dem Kind mit der Krone und sagt: *„Hier ist eine Blume."* Er/Sie zeigt dann auf die anderen Blumen und fragt: *„Und hier sind …?"*	Blumen		

5.2 Satzbildung

5.2.1 Subjekt-Verb, 3. Person Singular *(Einzahl)*

Beispiel: Prüfer/Prüferin zeigt auf das schaukelnde Mädchen und sagt:
„Guck mal, das Mädchen schaukelt."

Prüfer/Prüferin zeigt …

	erwartete Antwort des Kindes:	+	−
… auf das Mädchen mit dem Teddy und fragt: *„Und was macht das Mädchen? Das Mädchen …"*	… rennt. … läuft. …		
… auf den Jungen auf der Schaukel und sagt: *„Was macht der Junge? Der Junge …"*	… schaukelt. … sitzt. …		
… auf das Mädchen auf dem Traktor und fragt: *„Und was macht das Mädchen?"*	… fährt. … sitzt. …		
… auf den Jungen auf der Rutsche und fragt: *„Und was macht der Junge da?"*	… rutscht. … sitzt. …		

Holler-Zittlau/Dux/Berger: Marburger Sprach-Screening für 4- bis 6-jährige Kinder (MSS) © Persen Verlag GmbH, Buxtehude

45

5.2.2 Präposition im Akkusativkontext

Prüfer/Prüferin zeigt …

	erwartete Antwort des Kindes:	+	–
… auf den Jungen auf der Rutsche und fragt: *„**Wohin** rutscht der Junge?"*	… **in den** Sandkasten.		
… auf das Mädchen auf der Leiter und fragt: *„**Wohin** klettert das Mädchen?"*	… **auf das** Dach, das Haus.		
… auf die gelbe Kiste mit dem Werkzeug und fragt: *„**Wohin** hat der Junge den Hammer und die Zange gelegt?"*	… **in die** Kiste.		

5.2.3 Präposition im Dativkontext

Prüfer/Prüferin zeigt …

	erwartete Antwort des Kindes:	+	–
… auf das Mädchen mit dem Eimer beim Traktor und fragt: *„**Woher** hat das Mädchen den Sand geholt?"*	… **aus dem** Sandkasten.		
… auf die Kinder und den Mann, die aus dem Haus kommen und fragt: *„**Woher** kommen die Kinder und der Mann?"*	… **aus dem** Haus, Zimmer.		
… auf die Kinder auf der Wippe und fragt: *„**Wo** sitzen die Kinder?"*	… **auf der** Wippe.		

Holler-Zittlau/Dux/Berger: Marburger Sprach-Screening für 4- bis 6-jährige Kinder (MSS) © Persen Verlag GmbH, Buxtehude

5.2.4 Nebensatzbildung mit Konjunktion

Prüfer/Prüferin zeigt …	erwartete Antwort des Kindes:	+	–
… auf den Jungen im Rollstuhl und fragt: *„**Warum** sitzt der Junge im Rollstuhl?"*	… **weil** er krank ist. … **weil** er nicht laufen kann. … **weil** …		
… auf das Mädchen mit der Krone und fragt: *„**Warum** hat das Mädchen eine Krone auf?"*	… **weil** es eine Prinzessin ist. … **weil** es Geburtstag hat. … **weil** …		
…auf den weinenden Jungen und fragt: *„**Warum** weint der Junge?"*	… **weil** er hingefallen ist. … **weil** die Hose kaputt ist. … **weil** …		

5.2.5 Partizipbildung

Prüfer/Prüferin zeigt …	erwartete Antwort des Kindes:	+	–
… auf das Mädchen auf dem Klettergerüst und fragt: *„**Wie** ist das Mädchen auf das Klettergerüst gekommen?"*	Es ist **ge**klettert. …		
… auf das kleine Kind auf der Wippe und fragt: *„**Wie** ist das kleine Kind auf die Wippe gekommen?"*	Es ist **ge**krabbelt. Es ist **ge**klettert. Es ist **ge**hoben …		
… auf den weinenden Jungen und fragt: *„Der Junge weint. **Was** ist passiert?"*	Er ist **hinge**fallen. Er ist **ge**fallen. Er ist **ge**stürzt. …		

6. Phonologische Diskriminationsfähigkeit

6.1 Auditive Wahrnehmung: „gleich oder verschieden?"

Prüfer/Prüferin sagt:

*„Ich sage dir immer zwei Wörter und du sagst mir, ob sie sich **gleich** oder **verschieden** anhören. Zum Beispiel: Haus – Haus. Haus und Haus hören sich **gleich** an. Hose – Dose. Hose und Dose hören sich **verschieden** an."*

Kind sagt:	+	–		Kind sagt:	+	–
Hund – Tag			Keller – Teller			
Maus – Maus			Schlüssel – Schüssel			
Wand – Wind			Tanne – Tanne			
Sonne – Tonne			Tasche – Flasche			
Dach – Fach			Flieder – Flieger			

6.2 Reimwörter: *„Welche Wörter hören sich ähnlich an?"*

Prüfer/Prüferin sagt:

*„Ich sage dir immer drei Wörter, zwei davon klingen **ähnlich**. Sage mir, welche Wörter **ähnlich** klingen. Zum Beispiel: Haus – Maus – Blume. Haus und Maus klingen **ähnlich**."*

	Kind sagt:	+	–
Hose – Dose – Hemd			
Kopf – Hand – Wand			
Fisch – Hund – Tisch			

6.3 Wortlänge: *„Welches Wort ist länger?"*

Prüfer/Prüferin sagt:

*„Ich sage zwei Wörter. Welches Wort ist **länger**? Zum Beispiel: Regenjacke – Tür. Das Wort Regenjacke ist **länger**."*

	Kind sagt:	+	–
Schmetterling – Brett			
Haus – Klettergerüst			
Sandkasten – Baum			

Holler-Zittlau/Dux/Berger: Marburger Sprach-Screening für 4- bis 6-jährige Kinder (MSS) © Persen Verlag GmbH, Buxtehude

Auswertungsbogen (4- bis 5-Jährige):

		unauffällig	erreichte Punktzahl	Förderbedarf	
				nein	ja
1.	Spontansprache				
2.	Sprachverständnis	5–10 Punkte			
3.	Sprachproduktion	4– 6 Punkte			
4.	**Wortschatz/Lautbildung/Begriffsbildung**				
4.1	Lautbildung	8–14 Punkte			
4.1	Nomen (Gegenstände)	7–14 Punkte			
4.2	**Adjektive**				
	Farben erkannt	3–4 Punkte			
	Adjektiv benannt	1–4 Punkte			
	Eigenschaften erkannt	2–4 Punkte			
	Adjektiv benannt	1–4 Punkte			
	Formen erkannt	2–4 Punkte			
	Adjektiv benannt	1–4 Punkte			
4.3	**Verben**				
	Tätigkeit erkannt	2–4 Punkte			
	mit Verb benannt	1–4 Punkte			
5.	**Grammatik**				
5.1	Pluralbildung (Mehrzahl)	3–5 Punkte			
5.2	**Satzbildung**				
5.2.1	Subjekt-Verb, 3. Person Singular	2–4 Punkte			
5.2.2	Präposition im Akkusativkontext	1–3 Punkte			
5.2.3	Präposition im Dativkontext	1–3 Punkte			
5.2.4	Nebensatzbildung mit Konjunktion	1–3 Punkte			
5.2.5	Partizipbildung	1–3 Punkte			

ergänzende Informationen (Eltern)

ergänzende Informationen (Kindergarten, Schule) Sozial-, Spiel-, Arbeits-, Sprachverhalten

Holler-Zittlau/Dux/Berger: Marburger Sprach-Screening für 4- bis 6-jährige Kinder (MSS) © Persen Verlag GmbH, Buxtehude

Bewertung (4- bis 5-Jährige):

Die Sprache des Kindes ist	unauffällig	auffällig
Eine weitere Überprüfung ist	nicht notwendig	notwendig

Rücksprache mit den Eltern

ist erforderlich	nein	ja

Weitere diagnostische Abklärungen

Hausarzt/ärztin		Sprachheilbeauftragte/r	
Kinderarzt/ärztin		Sprachheilpädagoge/in	
HNO-Arzt/ärztin		Logopäde/in	
Augenarzt/ärztin		sonstige	

Eingeleitete Maßnahmen

(Datum und Unterschrift des Prüfers/der Prüferin)

Holler-Zittlau/Dux/Berger: Marburger Sprach-Screening für 4- bis 6-jährige Kinder (MSS) © Persen Verlag GmbH, Buxtehude

Auswertungsbogen (5- bis 6-Jährige):

		unauffällig	erreichte Punktzahl	Förderbedarf	
				nein	ja
1.	Spontansprache				
2.	Sprachverständnis	6–10 Punkte			
3.	Sprachproduktion	5– 6 Punkte			
4.	**Wortschatz/Lautbildung/Begriffsbildung**				
4.1	Lautbildung	12–14 Punkte			
4.1	Nomen (Gegenstände)	11–14 Punkte			
4.2	**Adjektive**				
	Farben erkannt	3–4 Punkte			
	Adjektiv benannt	3–4 Punkte			
	Eigenschaften erkannt	3–4 Punkte			
	Adjektiv benannt	3–4 Punkte			
	Formen erkannt	3–4 Punkte			
	Adjektiv benannt	3–4 Punkte			
4.3	**Verben**				
	Tätigkeit erkannt	3–4 Punkte			
	mit Verb benannt	3–4 Punkte			
5.	**Grammatik**				
5.1	Pluralbildung (Mehrzahl)	4–5 Punkte			
5.2	**Satzbildung**				
5.2.1	Subjekt-Verb, 3. Person Singular	3–4 Punkte			
5.2.2	Präposition im Akkusativkontext	2–3 Punkte			
5.2.3	Präposition im Dativkontext	2–3 Punkte			
5.2.4	Nebensatzbildung mit Konjunktion	2–3 Punkte			
5.2.5	Partizipbildung	2–3 Punkte			
6.	**Phonologische Diskriminationsfähigkeit**				
6.1	auditive Wahrnehmung	6–10 Punkte			
6.2	Reimwörter	1– 3 Punkte			
6.3	Wortlänge	1– 3 Punkte			

ergänzende Informationen (Eltern)

ergänzende Informationen (Kindergarten, Schule) Sozial-, Spiel-, Arbeits-, Sprachverhalten

Holler-Zittlau/Dux/Berger: Marburger Sprach-Screening für 4- bis 6-jährige Kinder (MSS) © Persen Verlag GmbH, Buxtehude

Bewertung (5- bis 6-Jährige):

Die Sprache des Kindes ist	unauffällig	auffällig
Eine weitere Überprüfung ist	nicht notwendig	notwendig

Das Kind braucht nach meiner Einschätzung:

keine zusätzliche Förderung	ja
einen Deutsch-Sprachkurs	ja
sprachheilpädagogische/logopädische Förderung	ja

Rücksprache erforderlich:

mit den Eltern	nein	ja
mit dem Kindergarten	nein	ja
mit der aufnehmenden Schule	nein	ja
mit dem/der Klassenlehrer/in	nein	ja

Weitere diagnostische Abklärungen

Hausarzt/ärztin		Sprachheilbeauftragte/r	
Kinderarzt/ärztin		Sprachheilpädagoge/in	
HNO-Arzt/ärztin		Logopäde/in	
Augenarzt/ärztin		sonstige	

Eingeleitete Maßnahmen

_____

(Datum und Unterschrift des Prüfers/der Prüferin)

Holler-Zittlau/Dux/Berger: Marburger Sprach-Screening für 4- bis 6-jährige Kinder (MSS) © Persen Verlag GmbH, Buxtehude

Muster für die Formulierung eines Elternbriefes

(Anschrift der zuständigen Institution)

Liebe Eltern bzw. Erziehungsberechtigte des Kindes

_____

Wie Sie sicher in der Presse gelesen oder selbst auch schon bemerkt haben, nehmen Sprachauffälligkeiten bei Kindern immer mehr zu.

Sprache hat nicht nur die Funktion, sich zu verständigen, sondern dient auch dazu, Gefühle und Empfindungen auszudrücken, und sie bildet eine wesentliche Voraussetzung für erfolgreiches Lernen. Kinder, die sich nicht erfolgreich verständigen können und nicht über genügend Sprache verfügen, laufen Gefahr, im Kindergarten und später in der Schule ins Abseits zu geraten. Probleme beim Lesen- und Schreibenlernen können durch eine unzureichende Sprache auftreten.

Sprachentwicklungsstörungen und Probleme im Spracherwerb treten in ihrer Bedeutung oftmals hinter akuten Erkrankungen der Kinder zurück und finden deshalb nicht die notwendige Beachtung. In vielen Fällen wird erst dann nach Hilfe gesucht, wenn sich eine Störung manifestiert hat. Diesen Kindern könnte früher geholfen werden.

In den nächsten Wochen soll bei allen 4-jährigen Kindern festgestellt werden, über welche sprachlichen Kenntnisse sie verfügen.

Die Überprüfung wird im Kindergarten/in der Schule stattfinden und von _____ durchgeführt. Die Erzieher/innen/Lehrkräfte Ihres Kindes werden ebenfalls befragt.

Wir bitten um Ihre Zustimmung und Unterstützung, dass wir auch bei Ihrem Kind _____ die Sprache überprüfen dürfen. Bitte füllen Sie auch den beiliegenden Fragebogen aus.

Mit freundlichen Grüßen

-- ✂

Einverständniserklärung

_____

(Name und Anschrift des/der Erziehungsberechtigten)

Ich bin/Wir sind mit der Sprachüberprüfung

meines/unseres Kindes _____ einverstanden.

Ort, Datum _____

Unterschrift _____

7. Auswertung: Informationen Eltern, Kindergarten/Schule

Neben den Fragebogen für die Eltern bzw. aus dem Kindergarten oder der Schule werden die entsprechenden Auswertungsschablonen (S. 55–56) gelegt. Die sichtbaren Felder der Schablone kennzeichnen die kritischen Bereiche der Entwicklung. Die Notierungen werden verglichen. Entscheidend ist, wie viele Notierungen in die sichtbaren Felder der Auswertungsschablone übertragen werden könnten.

Auswertung Informationen (Eltern)

Weichen von den neun Eintragungen mehr als 3 von der Normtabelle der Auswertungsschablone (S. 55) ab, ist das Kind in seiner Entwicklung auffällig.
Es ist erforderlich, mit den Eltern Rücksprache zu halten.

Auswertung Informationen (Kindergarten/Schule)

Sozial-, Spiel- und Arbeitsverhalten

Weichen von den 13 Eintragungen zum Sozial-, Spiel- und Arbeitsverhalten des Kindes mehr als 4 Eintragungen von der Normtabelle der Auswertungsschablone (S. 56) ab, ist das Kind in seiner Entwicklung auffällig. Es ist eine Nachfrage bei den Eltern hinsichtlich des von ihnen beobachteten Sozial-, Spiel- und Arbeitsverhaltens erforderlich.

Sprachverhalten

Weichen von den 10 Eintragungen zum Sprachverhalten mehr als 2 von der Normtabelle der Auswertungsschablone (S. 56) ab, ist das Kind in seinem Kommunikations- und Sprachverhalten auffällig. Es ist eine Nachfrage bei den Eltern hinsichtlich des von ihnen beobachteten Sprachverhaltens erforderlich.

Holler-Zittlau/Dux/Berger: Marburger Sprach-Screening für 4- bis 6-jährige Kinder (MSS) © Persen Verlag GmbH, Buxtehude

Auswertungsschablone

Holler-Zittlau/Dux/Berger: Marburger Sprach-Screening für 4- bis 6-jährige Kinder (MSS) © Persen Verlag GmbH, Buxtehude

Name:

Ergänzende Informationen (Eltern)

(grau = unauffällig)

	immer	häufig	manchmal	selten	nie
Geht Ihr Kind in den Kindergarten?					
Geht Ihr Kind gerne in den Kindergarten?					
Erzählt Ihr Kind etwas von seinen Freunden/Freundinnen oder aus dem Kindergarten?					
Erzählt Ihr Kind gerne „kleine" Geschichten?					
Malt Ihr Kind gerne?					
Kann Ihr Kind einen Ball mit beiden Händen fangen?					
Kann Ihr Kind sich längere Zeit selbst beschäftigen?					
Ist Ihr Kind erkältet?					
Haben Sie den Eindruck, dass Ihr Kind nicht richtig hört?					

Ist bereits eine Hörüberprüfung erfolgt? Wenn ja, wann?	ja	nein
Hat die Hörüberprüfung Auffälligkeiten ergeben?	ja	nein

Besonderheiten in der körperlichen Entwicklung:

Besonderheiten in der sprachlichen Entwicklung:

55

Auswertungsschablone

Name:

Ergänzende Informationen (Kindergarten/Schule)

(grau = unauffällig)

1. Sozial-, Spiel- und Arbeitsverhalten

	immer	häufig	manchmal	selten	nie
Das Kind nimmt aktiv am Gruppengeschehen teil.	▨	▨			
Das Kind spielt gerne mit anderen Kindern zusammen.	▨	▨			
Das Kind ist schüchtern, spielt am liebsten alleine.			▨	▨	▨
Das Kind wird wegen seiner geringen Sprachkenntnisse vom Spiel ausgeschlossen.			▨	▨	▨
Das Kind entwickelt viele Spielideen.	▨	▨			
Das Kind spielt Rollen- und Phantasiespiele.	▨	▨	▨		
Das Kind spielt mit Material, mit dem man bauen und konstruieren muss.	▨	▨	▨		
Das Kind spielt nur, wenn man ihm sagt, was es spielen soll.			▨	▨	▨
Das Kind führt Aufgaben selbstständig durch.	▨	▨			
Das Kind bricht bei Schwierigkeiten das Spiel ab.			▨	▨	▨
Das Kind hilft anderen Kindern.	▨	▨	▨		
Das Kind zieht sich alleine Jacke und Schuhe an/aus.	▨	▨			
Das Kind malt gerne.	▨	▨	▨		

2. Sprachverhalten

	immer	häufig	manchmal	selten	nie
Das Kind stellt viele Fragen.	▨	▨	▨		
Das Kind versteht Spiel- und Arbeitsanweisungen richtig.	▨	▨			
Das Kind spricht nur, wenn es aufgefordert/gefragt wird.			▨	▨	▨
Das Kind spricht nur mit der Erzieherin.			▨	▨	▨
Das Kind spricht nur mit einzelnen ausgewählten Kindern.			▨	▨	▨
Das Kind spricht sehr leise.			▨	▨	▨
Das Kind spricht oft mit lauter Stimme (es schreit).			▨	▨	▨
Das Kind vermeidet das Sprechen.			▨	▨	▨
Das Kind verständigt sich vorwiegend durch Gesten.			▨	▨	▨
Das Kind stottert.			▨	▨	▨

Holler-Zittlau/Dux/Berger: Marburger Sprach-Screening für 4- bis 6-jährige Kinder (MSS) © Persen Verlag GmbH, Buxtehude

Einbeziehung der Informationen aus den Fragebögen in die Gesamtbewertung des Spracherwerbs des Kindes

Der Fragebogen mit den ergänzenden Informationen der Eltern und der Fragebogen mit den ergänzenden Informationen der Erzieher bzw. Lehrkräfte werden in die Auswertung miteinbezogen. Sie geben zusätzlich zu der Überprüfung der Sprachkenntnisse wertvolle Hinweise für eine Gesamteinschätzung des Kindes.

Beispiel 1:

Die Überprüfung des Sprachstandes eines Kindes zeigt, dass es kaum spricht, sich zu dem Spielplatzbild nicht spontan äußert und im Subtest Grammatik deutliche Auffälligkeiten zeigt, da es trotz seines Alters von 4 Jahren nur in Einwortäußerungen spricht. Aus dem Fragebogen, den die Erzieherin im Kindergarten ausgefüllt hat, ist ersichtlich, dass sich das Kind aktiv am Gruppenleben beteiligt und auch sonst keinerlei Auffälligkeiten in seiner Entwicklung zeigt. Der Fragebogen für die Eltern lässt ebenfalls auf eine ungestörte Entwicklung des Kindes schließen.
Bei Nachfrage bei der Erzieherin wird deutlich, dass das Kind kurz vor Ende des Kindergartentages überprüft wurde und aus Angst, zu spät nach Hause zu kommen, so wenig gesagt hat.

Beispiel 2:

Die Überprüfung des Sprachstandes eines 4-jährigen Jungen zeigt, dass er kaum etwas zu dem Spielplatzbild sagt. Seine Antworten zu den einzelnen Aufgaben des Prüfverfahrens erfolgen sehr schleppend und nur auf Nachfrage. Die Auswertung der Sprachüberprüfung ergibt, dass die sprachlichen Kompetenzen im Grenzbereich zur Auffälligkeit liegen.
Aus dem Fragebogen für die Eltern geht hervor, dass der Junge nicht gerne in den Kindergarten geht und auch der Fragebogen, der von der Erzieherin im Kindergarten ausgefüllt wurde, lässt erkennen, dass der Junge Probleme im Sozialverhalten hat und lieber alleine spielt.
Ein Gespräch mit den Eltern und der Erzieherin ergibt, dass der Junge nach einem Streit mit einem älteren Kindergartenkind nicht mehr gerne in den Kindergarten geht und auch sonst nicht mehr gerne draußen spielt.
Eine Klärung der sozialen Situation und des Streites mit dem älteren Jungen ermöglicht dem Kind einen neuen Zugang zu seinen Spielkameraden, was sich sehr schnell und deutlich positiv auf sein Kommunikations- und Sprachverhalten auswirkt.

Beispiel 3:

Die Überprüfung des Sprachstandes eines 5-jährigen Mädchens zeigt deutliche Probleme in der Artikulation und in der auditiven Diskrimination.
Aus dem Fragebogen für die Eltern geht hervor, dass die Eltern den Eindruck haben, ihr Kind höre nicht gut. In dem Fragebogen der Erzieherin des Kindergartens ist vermerkt, dass dem Kind manche Aufforderungen oder Anweisungen mehrfach wiederholt werden müssen, bevor es ihnen nachkommt.
Zur Differenzialdiagnostik wird das Kind an den örtlichen HNO-Arzt/Phoniater verwiesen. Dort wird eine mittelgradige Schwerhörigkeit festgestellt. Das Mädchen erhält eine Hörgeräteversorgung und nachfolgend eine gezielte Sprachtherapie bei einer Logopädin.

Beispiel 4:

Die Sprachüberprüfung eines 4-jährigen Jungen ergibt deutliche Probleme in der Sprachentwicklung, insbesondere im Wortschatz und in der Grammatik.
Er versteht die ihm gestellten Aufgaben meistens. Er antwortet jedoch häufig mit Zeigegesten oder durch pantomimisches Handeln.
Der Fragebogen der Eltern zeigt, dass der Junge türkische Eltern hat und in seiner Familie vorwiegend türkisch gesprochen wird.
Ein Gespräch mit der Mutter ergibt, dass die Großeltern des Jungen vor 38 Jahren nach Deutschland gekommen sind. Der Junge lebt mit seinen Eltern in einer kleinen Stadt unter Landsleuten. In der Familie wird vorwiegend türkisch gesprochen, obwohl die Mutter auch schon in Deutschland geboren wurde und hier die Schule besucht hat.
In dem Gespräch kann der Mutter deutlich gemacht werden, dass der Junge Deutsch lernen sollte, damit er in der Schule lesen und schreiben lernen kann. Die Mutter unterstützt fortan die Freundschaft des Kindes mit einem deutschen Jungen.
Der Junge wird in eine Sprachfördergruppe aufgenommen, die im Kindergarten eingerichtet wurde.

Holler-Zittlau/Dux/Berger: Marburger Sprach-Screening für 4- bis 6-jährige Kinder (MSS) © Persen Verlag GmbH, Buxtehude

8. Orientierungshilfen für die weitere Förderung 5- bis 6-jähriger Kinder

Deutsch-Sprachkurs, sprachheilpädagogische bzw. logopädische Förderung

Das Sprach-Screening ermöglicht eine zuverlässige Orientierung über die sprachlichen Kompetenzen des Kindes.

Die Sprachentwicklung ist bei den meisten Kindern im Alter von 5 Jahren abgeschlossen. Kinder mit geringen sprachlichen Kommunikationserfahrungen, mit einem sehr geringen Wortschatz, mehreren Lautfehlbildungen und einer unzureichenden satzgebundenen Erzählfähigkeit benötigen eine frühzeitige Unterstützung und Förderung ihrer kommunikativen und sprachlichen Kompetenzen, damit sie den schulischen Anforderungen entsprechen können.

➤ Kinder, die im Bereich Wortschatz im Subtest Gegenstände/Nomen **weniger als 12** Gegenstände weder mit dem gewünschten noch mit einem eigenen Begriff benennen können, sollten an einem **Deutsch-Sprachkurs** teilnehmen.

➤ Kinder, die im Bereich Satzbildung/Grammatik im Subtest 5.2.1 mehr als **einen** Fehler haben und damit die Grundstruktur der Satzbildung und Verbkonjugation noch nicht erworben haben, sollten an einem **Deutsch-Sprachkurs** teilnehmen.

➤ Für Kinder, die im Bereich Wortschatz im Subtest Artikulation **mehr als 2 Laute nicht richtig bilden können**, sonst aber keine sprachlichen Auffälligkeiten zeigen, ist eine Vorstellung bei den örtlichen **Sprachheilbeauftragten bzw. in einer sprachheilpädagogischen oder logopädischen Praxis** angeraten.

➤ Kinder, die bei der Benennung von *Formen* und nicht sichtbaren *Eigenschaften* **einen Fehler** haben, sonst aber keine Auffälligkeiten zeigen, benötigen **keine zusätzliche Sprachförderung**.

➤ Kinder, die bei der Dativ-Bildung und/oder bei der Nutzung von *Konjunktionen* **einen Fehler** haben und sonst keine weiteren Auffälligkeiten zeigen, benötigen **keine zusätzliche Sprachförderung**.

➤ Für Kinder, die Hörprobleme haben oder sehr häufig erkältet sind, ist **eine HNO-Untersuchung** anzuraten.

➤ Für die Entscheidung über die Teilnahme an einem Deutsch-Förderkurs sollten Informationen aus den **ergänzenden Informationen der Eltern** und den **ergänzenden Informationen Kindergarten/Schule** mit herangezogen werden.

➤ Für Kinder, die sprachliche Auffälligkeiten zeigen und keinen Kindergarten besuchen, ist der **Besuch des Kindergartens** dringend anzuraten.

➤ Für Kinder, die in allen Bereichen deutliche Auffälligkeiten zeigen, ist es anzuraten, **weitere Untersuchungen und eine umfassende Förderung** zu initiieren.

Holler-Zittlau/Dux/Berger: Marburger Sprach-Screening für 4- bis 6-jährige Kinder (MSS) © Persen Verlag GmbH, Buxtehude

9. Auswertungsbeispiel

Auswertung: Ali, 4;6 Jahre

Ali ist zum Zeitpunkt der Überprüfung 4 Jahre und 6 Monate alt. Er besucht den örtlichen Kindergarten.

Ali kann bei der Überprüfung der Sprachentwicklung die Arbeitsanweisungen verstehen. Sein Sprachverständnis ist ausreichend (Subtest Gegenstände/Nomen ist unauffällig), obwohl ihm die Benennung einzelner Eigenschaften und die Benennung von Formen nicht gelingt. (Dieses könnte auf eine Orientierung auf die Benennung von Farben im Subtest Farben oder auf mangelnde begriffliche bzw. inhaltliche Kenntnisse des Kindes hinweisen.)
Alis Muttersprache ist türkisch. Von den fünf Fehlern im Subtest Lautbildung sind 4 auf Eigenbenennungen der Gegenstände zurückzuführen.
Deutliche Auffälligkeiten zeigt Ali in der Satzbildung. Er bildet keine vollständigen Sätze. Bei den elliptischen Antworten entspricht das inhaltlich richtig gewählte Verb nicht der grammatischen Form. Dativ-, Akkusativ- und Partizipbildungen gelingen Ali noch nicht. (Für die Darstellung von Sachzusammenhängen und den Erwerb der Schriftsprache ist die Fähigkeit zur einfachen Satzbildung eine notwendige Voraussetzung.)
Nach Angaben der Eltern und der Erzieherin geht Ali gern in den Kindergarten. Dort ist sein Sozial- und Spielverhalten unauffällig. Probleme, die sich zeigen, deuten auf mögliche mangelnde Gesprächspartner und Kommunikationsmöglichkeiten mit deutschsprachigen Kindern und Erwachsenen hin.

Gesamteinschätzung:
Empfehlung für die weitere Förderung
Ali ist ein aufgeschlossenes Kind, das in der Kindergartengruppe gut integriert ist. Seine sprachlichen Fähigkeiten besonders in der Satzbildung/Grammatik führen zu gelegentlichen Problemen im Sprachverständnis. Ali zeigt deutliche Probleme in der Sprachproduktion, insbesondere in der Satzbildung. Damit er später den sprachlichen Anforderungen in der Schule entsprechen kann und ihm der Erwerb der Schriftsprache ohne größere Probleme möglich wird, sollte Ali eine gezielte pädagogische Unterstützung im Zweitspracherwerb erhalten.

Holler-Zittlau/Dux/Berger: Marburger Sprach-Screening für 4- bis 6-jährige Kinder (MSS) © Persen Verlag GmbH, Buxtehude

10. Glossar

Akkommodation: Anpassung, Angleichung. In der Psychologie meint Akkomodation die Anpassung sensomotorischer (s. Sensomotorik) und kognitiver (s. Kognition) Schemata an veränderte äußere Bedingungen. Das Handeln wird den Anforderungen der Umwelt angepasst. Beispiel: Das Saugschema des Babys passt sich an verschieden geformte Schnuller oder an einen Finger an. Komplementär zur A. wirkt die Assimilation im Rahmen einer von PIAGET beschriebenen internen Gleichgewichtsregulierung.

Artikulation: Aussprache, Formung der Sprachlaute mit Hilfe der Sprechmuskulatur und der am Sprechen beteiligten Resonanzräume Mund-, Nasen- und Rachenraum.

Assimilation: Angleichung, Verschmelzung. In der Entwicklungstheorie PIAGETs bedeutet Assimilation die Einordnung von Umwelterfahrungen in schon vorhandene subjektive Bezugssysteme.
Komplementär zur Assimilation wirkt die Akkommodation im Rahmen einer internen Gleichgewichtsregulierung.

auditive Wahrnehmung: die Wahrnehmung und kognitive Verarbeitung des Gehörten.

auditive Diskrimination: Unterscheidung z. B. ähnlich klingender Laute wie „t" und „k" oder „g" und „k".

Dativ- bzw. Akkusativkontext: Artikeländerung und Wortbeugung im Satzzusammenhang.

Down Syndrom (Trisomie 21): Das Down Syndrom ist eine angeborene Form eines körperlichen und geistigen Störungsbildes, das bei beiden Geschlechtern auftritt. Grundlage ist eine Chromosomenanomalie.

emotional: gefühlsmäßig.

Evozierung sprachlicher Äußerungen: Anregen und Provozieren bestimmter sprachlicher (grammatischer) Formen.

Kognition: Kognition ist eine ungenaue Sammelbezeichnung für alle Vorgänge und Inhalte, die mit dem Gewahrwerden und Erkennen zusammenhängen. Kognition ist Ausdruck für jeden Prozess, durch den ein Lebewesen Kenntnis von einem Objekt erhält oder sich seiner Umwelt bewusst wird. Zur Kognition zählen: Wahrnehmung, Erkennen, Vorstellung, Urteilen, Gedächtnis, Lernen, Erinnerung, Denken, aber auch Vermutung, Erwartung, Plan und Problemlösen.

kognitiv: das Denken, die Kognition betreffend.

kommunikativ-pragmatische Entwicklung: die Fähigkeit Sprache als Instrument zum Handeln zu benutzen.

Konjunktion: Bindewort zwischen Haupt- und Nebensatz, z. B. und, weil, damit, …

Lexik: Wortschatz.

Objektpermanenz: Bezeichnung für eine grundlegende Form des Denkens, die das Kleinkind im Alter von 8–9 Monaten entwickelt, wenn es lernt, dass Objekte (Dinge) auch dann noch weiter existieren, wenn sie aus seinem Blickfeld verschwunden sind. Beispiel: Der Ball rollt hinter das Sofa, das Kind schaut suchend zum Sofa.

phonematische Differenzierung: Unterscheidung von Lauten wie „t" und „k" in den ähnlich klingenden Wörtern „Tanne" und „Kanne".

Phonem: kleinste lautliche Einheit, die zur inhaltlichen Unterscheidung von Wörtern dient, z. B. **H**and – **S**and.

phonetisch-phonologische Entwicklung: Voranschreitung der Artikulationsfähigkeit zur Differenzierung bedeutungsunterscheidender Laute, z. B. **Sch**üssel – **Schl**üssel.

phonologische Diskriminationsfähigkeit: Fähigkeit zur Unterscheidung bedeutungstragender Sprachlaute.

Präposition: Verhältniswort, z. B. in, an, über, unter, …

restriktiv: einschränkend.

Holler-Zittlau/Dux/Berger: Marburger Sprach-Screening für 4- bis 6-jährige Kinder (MSS) © Persen Verlag GmbH, Buxtehude

semantisch-lexikalische Entwicklung: Bedeutungs- und Wortschatzentwicklung.

Sensomotorik: Bezeichnung für die gesamte Aktivität in sensorischen und motorischen Teilsystemen des Nervensystems, die durch Reize hervorgerufen wird. Als sensomotorisch bezeichnet man auch diejenigen Prozesse, in denen ein unmittelbarer Zusammenhang zwischen Wahrnehmung und Verhalten besteht. Beispiel: Koordination von Auge und Handbewegung beim Schreiben (Koordinationsprozesse).

sensorische Beeinträchtigung: Störungen oder Schädigungen der äußeren Sinnesorgane.

Subjekt-Verb-Kongruenz: Entsprechung von Person und Verb-Endung im Satz, z. B. Ich – gehe.

Symbolbildung: innere Vorstellung von einem Gegenstand.

syntaktisch-morphologische Entwicklung: Voranschreiten der Fähigkeit grammatikalisch richtige Sätze zu bilden.

Syntax: Satzbau.

taktil: den Tastsinn betreffend.

triangulärer Blick: Blickbewegung zwischen zwei Personen und einem Gegenstand. Zum Beispiel: Kind vergewissert sich durch Blick auf die Mutter, dass sie auch auf den gleichen Gegenstand schaut.

Verbflexion: Beugung von Zeitwörtern (Verben).

visuell: das Sehen/den Gesichtssinn betreffend.

Zweitspracherwerb: Erlernen einer zweiten Sprache als Alltagssprache (z. B. Deutsch) im sozialen Kontext von Menschen, die die „Zweitsprache" (Deutsch) als Muttersprache sprechen.

Literatur

Baacke, D.: Die 0- bis 5-Jährigen: Einführung in Probleme der frühen Kindheit. Bundeszentrale für Politische Bildung. Bonn 1999a.

Baacke, D.: Die 6- bis 12-Jährigen: Einführung in die Probleme des Kindesalters. Gesellschaft für Medienpädagogik und Kommunikationskultur in der Bundesrepublik e. V. Bielefeld 1999b.

Berger, R.: Sprachentwicklungsstörungen – Untersuchungen an Vorschulkindern der Leipziger Sprachheilschule. In: HNO, 40, 1992, S. 352–355.

Berger, R.; Friedrich, G.: Zur Früherkennung sprachentwicklungsgestörter Kinder – ein methodischer Ansatz. In: Sprache – Stimme – Gehör, 18, 1994, S. 68–72.

Bergsson, M.: Ein entwicklungstherapeutisches Modell für Schüler mit Verhaltensauffälligkeiten – Organisation einer Schule. Praxis der Entwicklungstherapie (Bd. 1). Essen 1995.

Bruner, J.: Wie das Kind sprechen lernt. Bern 1987.

Clahsen, H.: Die Profilanalyse. Ein linguistisches Verfahren für die Sprachdiagnose im Vorschulalter. Berlin 1976.

Clahsen, H.: Spracherwerb in der Kindheit. Eine Untersuchung zur Entwicklung der Syntax bei Kleinkindern. Tübinger Beiträge zur Linguistik 4. Tübingen 1982.

Clahsen, H.: Normale und gestörte Kindersprache. Linguistische Untersuchungen zum Erwerb von Syntax und Morphologie. Amsterdam, Philadelphia 1988.

Dannenbauer, F. M.: Zur Praxis der entwicklungsproximalen Intervention. In: Grimm, H.; Weinert, S. (Hrsg.): Interventionen bei sprachgestörten Kindern – Voraussetzungen, Möglichkeiten, Grenzen. Stuttgart, Jena, New York 1994.

Dannenbauer, F. M.: Mentales Lexikon und Wortfindungsprobleme bei Kindern. In: Die Sprachheilarbeit, 42/1, 1997, S. 4–21.

Dannenbauer, F. M.: Grammatik. In: Baumgartner, S.; Füssenich, I. (Hrsg.): Sprachtherapie mit Kindern. München, Basel 1999, S. 105–161.

Dehn, M.; Osburg, C.: Schriftspracherwerb bei Kindern mit Aussprachestörungen. Der Blick auf das Kind als Ansatz für das Lernen. In: Die Grundschulzeitschrift, 107/11, 1997, S. 15–16.

Dornes, M.: Der kompetente Säugling. Frankfurt 1993.

Füssenich, I.: Gestörte Kindersprache aus interaktionistischer Sicht – Fragestellungen, methodische Überlegungen und pädagogische Konsequenzen. Heidelberg 1987.

Füssenich, I.: Semantik. In: Baumgartner, S.; Füssenich, I. (Hrsg.): Sprachtherapie mit Kindern. München 1999, S. 63–104.

Füssenich, I.: Prävention von Analphabetismus in den ersten beiden Schuljahren: Zum Zusammenhang zwischen semantischer und metasprachlicher Entwicklung und den Anforderungen beim Schriftspracherwerb. In: Deutsche Gesellschaft für Sprachheilpädagogik (Hrsg.): Sprachheilpädagogik im Spannungsfeld von Wissenschaft und Praxis (Kongressbericht 2000). Würzburg 2001, S. 168–172.

Giesecke, T.; Harbrucker, F.: Wer besucht die Sprachheilschulen? In: Die Sprachheilarbeit, 36/4, 1991, S. 170–180.

Glück, C. W.: Kindliche Wortfindungsstörungen. Ein Bericht des aktuellen Erkenntnisstandes zu Grundlagen, Diagnostik und Therapie. Frankfurt (Main), Berlin, Bern, New York, Paris, Wien 1998.

Glück, C. W.: Wortfindungsstörungen von Kindern in kognitionspsychologischer Perspektive. In: Der Sprachheilpädagoge, 31/2, 1999, S. 1–27.

Glück, C. W.: Von Lautfindungsstörungen und vom Langsamlesen – Wie Kinder mit semantisch-lexikalischen Schwierigkeiten ihre Lesewege gehen. In: Die Sprachheilarbeit, 45/2, 2000, S. 47–56.

Goorhuis-Brouwer, S. M.; Coster, F. W.; Nakken, H.: Pädagogische Aspekte von Sprachentwicklungsstörungen. In: Sprache – Stimme – Gehör, 23, 1999, S. 149–154.

Hacker, D.: Phonologie. In: Baumgartner, S.; Füssenich, I. (Hrsg.): Sprachtherapie mit Kindern. München, Basel 1999, S. 13–62.

Hacker, D.; Wilgermein, H.: AVAK-Test Analyseverfahren zu Aussprachestörungen bei Kindern. München, Basel 1999.

Heinemann, M.: Zunahme von Sprachentwicklungsstörungen – ein aktuelles Problem (Ursachen und Konsequenzen). In: dgs – Deutsche Gesellschaft für Sprachheilpädagogik e. V. (Hrsg.): dgs-Kongress. Münster 1996, S. 53–61.

Heitmeyer, W.: Freigesetzte Gewalt. Gewalt als Bearbeitungsform einer neuen Unübersichtlichkeit. In: Pädagogik, 46/6, 1994, S. 35–40.

Holler-Zittlau, I.: Sprach- und Lernförderung im gesellschaftlichen und im schulischen Kontext. Grundlagen sprachheilpädagogischer Förderung. In: Probst, H. (Hrsg.): Mit Behinderung muss gerechnet werden. Solms-Oberbiel 1999, S. 184–215.

Holler-Zittlau, I.: Kommunikation in der Mediengesellschaft – Lautspracherwerb und mündlicher Sprachgebrauch als Voraussetzung und Bedingung erfolgreichen Schriftspracherwerbs. In: Kolberg, T.; Otto, K.; Wahn, C. (Hrsg.): Phänomen Sprache – Laut- und Schriftsprachstörungen unter veränderten Kommunikationsbedingungen. Rimpar 2002, S. 278–289.

Hurrelmann, K.: Lebensphase Jugend. Weinheim, München 1995.

Jansen, H.; Mannhaupt, G.; Marx, H.; Skowronek, H.:

Holler-Zittlau/Dux/Berger: Marburger Sprach-Screening für 4- bis 6-jährige Kinder (MSS) © Persen Verlag GmbH, Buxtehude

BISC – Bielefelder Screening zur Früherkennung von Lese- und Rechtschreibschwierigkeiten. Göttingen 1999.

Kauschke, C.: Zur semantischen Struktur des subjektiven Lexikons: eine empirische Studie zur Entwicklung des Wortschatzes im Deutschen. Tübingen 2000.

Kiese-Himmel, C.: Sprachentwicklungsgestörte Kinder im Vorschulalter: Knapp vier Jahre später. In: Kinder und Jugendpsychiatrie, 25, 1997, S. 73–81.

Kiese-Himmel, C.: Ein Jahrhundert Forschung zur gestörten Sprachentwicklung. In: Sprache – Stimme – Gehör, Jg. 23. Stuttgart, New York 1999, S. 128–137.

Kiese-Himmel, C.; Kruse, E.: Untersuchungen zum aktiven Wortschatz von 2- bis 5-jährigen sprachentwicklungsrückständigen Kindern unter Berücksichtigung sozialer Variablen.
In: Sprache – Stimme – Gehör, 18, 1994, S. 168–174.

Klicpera, C.; Graeven, M.; Schabmann, A.: Die Entwicklung der Lese- und Rechtschreibfähigkeit bei sprachentwicklungsgestörten, leseschwachen und durchschnittlichen Schülern von der 1. bis zur 4. Klasse. In: Sprache – Stimme – Gehör, 17, 1993, S. 139–146.

Kornmann, R.; Kornmann, A.: Erneuter Anstieg der Überrepräsentation ausländischer Kinder in Schulen für Lernbehinderte. In: Zeitschrift für Heilpädagogik, 7, 2003, S. 286–289.

Kracht, A.: Migration und kindliche Zweisprachigkeit. Interdisziplinarität und Professionalität sprachpädagogischer und sprachbehindertenpädagogischer Praxis. Münster 2000.

Kroffke, S.; Rothweiler, M.: Sprachmodi im kindlichen Zweitspracherwerb. Die Sprachheilarbeit, 49/1, 2004, S. 18–24.

Krumpholz-Reichel, A.: Im Kampf mit den Buchstaben die Ruhe bewahren. In: Psychologie heute, 6, 1999, S. 39–43.

Möhring, H.: Lautbildungsschwierigkeiten im Deutschen. Zeitschrift für Kinderforschung, 1938, Jg. 47, S. 185–235.

Motsch, H.-J.: ESGRAF – Testmanual Evozierte Sprachdiagnose grammatischer Fähigkeiten. München, Basel 2000.

Osburg, C.: Gesprochene und geschriebene Sprache. Aussprachestörungen und Schriftspracherwerb. Hohengehren 1997.

Osburg, C.: Begriffliches Wissen am Schulanfang: Schulalltag konstruktivistisch analysiert. Freiburg 2002.

Papousèk, M.: Vorsprachliche Kommunikation zwischen Mutter und Kind im frühen Säuglingsalter als Wegbereiter der Sprachentwicklung. München 1991.

Papousèk, M.: Vom ersten Schrei zum ersten Wort. Anfänge der Sprachentwicklung in der vorsprachlichen Kommunikation. Bern 1994.

Piaget, J.: Sprechen und Denken des Kindes. Düsseldorf 1972.

Postman, N.: Das Verschwinden der Kindheit. Frankfurt/Main 1983.

Probst, H.: Testaufgaben zum Einstieg in die Schriftsprache. Horneburg/Niederelbe 2002.

Röhr-Sendelmeier, U.: Sprachstandserhebung zur Förderung ausländischer Grundschüler. In: Unterrichtswissenschaft (2) 1987, S. 224–249.

Rolff, H.-G.; Zimmermann, P.: Kindheit im Wandel – Eine Einführung in die Sozialisation im Kindesalter. Weinheim, Basel 1992.

Rothweiler, M.: Wortschatz und Störungen des lexikalischen Erwerbs bei spezifischen sprachentwicklungsgestörten Kindern. Heidelberg 2001.

Sievert, S.; Dux, W.: Entwicklung und Förderung der kindlichen Sprache. Hess. Sozialministerium; Deutsche Gesellschaft für Sprachheilpädagogik Hessen e. V. (Hrsg.) Wiesbaden 2000.

Schöler, H.; Fromm, W.; Kany, W. (Hrsg.): Spezifische Sprachentwicklungsstörung und Sprachlernen. Erscheinungsformen, Verlauf, Folgerungen für Diagnostik und Therapie. Heidelberg 1998.

Schöler, H.: Zur Entwicklung metasprachlichen Wissens. In: dgs (Hrsg.): Spracherwerb und Spracherwerbsstörungen. Hamburg 1987, S. 339–359.

Schröter, M.: Freizeitverhalten und Sozialisationsbedingungen sprachbehinderter und nichtsprachbehinderter Grundschulkinder im Vergleich. Die Sprachheilarbeit, 46/4, 2001, S. 170–178.

Szagun, G.: Bedeutungsentwicklung beim Kind. Wie Kinder Wörter entdecken. München 1983.

Szagun, G.: Sprachentwicklung beim Kind. München, Weinheim 1996.

Tillmann, K.-J.: Basislager für Leistung und Schulerfolg – Wie die kulturelle Mitgift der Eltern wirkt. In: Becker, G.; Behnken, I.; Horstkemper, M. (Hrsg.): Schüler 2001 Familie. Seelze 2001, S. 124–127.

Tollkühn, S.: Die sprachlichen Fähigkeiten von Erstklässlern: eine Untersuchung an den Grund- und Förderschulen im Freistaat Sachsen. Dissertation Universität Leipzig 2001.

Weinrich, M.; Zehner, H.: Phonetische und phonologische Störungen bei Kindern. Berlin 2003.

Wendlandt, W.: Sprachstörungen im Kindesalter. Materialien zur Früherkennung und Beratung. Stuttgart, New York 1995.

Wilgermein, J.: Metasprachliches Bewusstsein – Entwicklung, Besonderheiten beim sprachbehinderten Kind und pädagogische Implikationen. Rimpar 1991.

Wood, M. M. and the Developmental Therapy Institut: The Developmental Teaching Objectives for DTORF-R. Athens, Georgia 1992.

Zollinger, B.: Spracherwerbstörungen. Grundlagen zur Früherfassung und Frühtherapie. In: Haeberlin, U. (Hrsg.): Beiträge zur Heil- und Sonderpädagogik. 5. Beiheft zur Vierteljahrschrift für Heilpädagogik und ihre Nachbargebiete. Stuttgart 1988.

Zollinger, B.: Die Entdeckung der Sprache. In: Haeberlin, U. (Hrsg.): Beiträge zur Heil- und Sonderpädagogik. 16. Beiheft zur Vierteljahrschrift für Heilpädagogik und ihre Nachbargebiete. Stuttgart 1995.